Til min datter Sofie
Kys det nu, det satans liv!

© 2008 Henrik Tingleff
Omslag og Grafik: Enellaura.dk
Redaktion: Lise Tingleff Nielsen
Foto: Fotograf Nils Djervad
Forlag: Kognitivt Forlag, København, Danmark
Fremstilling: Books on Demand GmbH, Norderstedt, Tyskland

ISBN 978-87-992524-1-1

HENRIK TINGLEFF

KOGNITIV TERAPI
METODER I HVERDAGEN 2

Cand. psych. Henrik Tingleff
Certified Affiliate; Academy of Cognitive Therapy

Center for Kognitive Psykologer www.cfkp.dk
Center for Kognitiv Formidling www.cfkf.net

INDHOLD

Læsevejledning

Denne bog bygger videre på *Kognitiv Terapi – metoder i hverdagen 1* og forudsætter derfor, at læseren har et grundlæggende kendskab til kognitiv terapi og metoder. Bogen kan imidlertid fint læses uden forudsætninger, hvis man indimellem blot konsulterer *Kognitiv Terapi – metoder i hverdagen 1* eller en anden grundbog i kognitiv terapi. Alle henvisninger til bogen: *Kognitiv Terapi – metoder i hverdagen 1* er markeret med følgende symbol: 📖

Alle henvisninger/ord er oplistet alfabetisk bagerst i denne bog med angivelse af, hvor de er uddybet eller forklaret i *Kognitiv Terapi – metoder i hverdagen 1*.

Forord

"Står der noget om det i din bog?" Dette spørgsmål er jeg ofte blevet stillet, når jeg i mine daglige sessioner har præsenteret mine klienter for nye metoder, tips eller tilgange til deres arbejde med personlig udvikling. Denne bog er derfor ligesom dens forgænger tænkt som en brugsbog, der kan introducere læseren for forskellige kognitive metoder eller hjælpe en klient med at huske nogle af de pointer, som er kommet frem i samtaler med den kognitive psykolog. Den handler om kognitiv terapi – i hverdagen.

Hvordan adskiller denne bog sig fra 1'eren, Kognitiv Terapi – metoder i hverdagen 1? I denne bog har jeg valgt ikke at gentage de helt grundlæggende kognitive teorier, metoder og principper. Jeg præsenterer derimod nogle af de metoder og pointer, som efterhånden er blevet mine "favoritter", og som ikke fik plads i den første bog. Bogen afspejler således på mange måder det, jeg forsøger at gøre både i min psykologpraksis og ved foredrag – nemlig at præsentere forskellige tilgange til den kognitive terapi. Tilgange som bygger på samme principper, men som er forskellige i udtryk, og derfor hver især passer bedre til nogle mennesker eller nogle situationer - Vælg selv!

Det er indlysende, at en bog som denne ikke er i faglig dialog med de mange hyldemeter af fremragende videnskabelig litteratur om kognitiv terapi. Trods det "lette udtryk" har jeg imidlertid bestræbt mig på at lade bogen være baseret på et solidt fagligt fundament af viden om kognitiv terapi (jf. referenceliste bagest i bogen).
Ingen fagfolk lærer mig mere om kognitiv terapi end mine daglige klienter. I udfordrer mig, holder mig skarp og gør mig klogere hver eneste dag. Vid, at jeg beundrer jer og nærer den dybeste respekt for den del af det terapeutiske arbejde, som I leverer. Denne bog er tilegnet jer. Der skal lyde en oprigtig tak for inspiration, sparring og fælles hverdag, i et fagligt og menneskeligt miljø af højeste kvalitet, til mine daglige kollegaer på Center for Kognitive Psykologer. Derudover skyldes denne bog i høj grad mit samarbejde med min amerikanske

mentor og supervisor Ph.d. Marci G. Fox, Beck Institute for Cognitive Therapy and Research: Marci, you showed me new perspectives and improved my skills. You made me a better cognitive therapist - and you made me enjoy the entire process!

Intet var dog, som det er, hvis jeg ikke havde kvinderne i mit liv. Der skal lyde en dybfølt tak til Lise for endnu engang at bidrage med den grundighed, der skal til for at løfte mine til tider middelmådige skriblerier til en færdig tekst. Tak er langt fra nok til Lotte og Sofie. Lotte, du giver det hele mening og perspektiv. Sofie, når du engang er stor nok til at læse det her, ved du det forhåbentlig allerede: Din far er mere end pavestolt af dig, og hver eneste dag lærer du mig at værdsætte livet lidt mere.

København, maj 2008
Henrik Tingleff

KAPITEL 1
DET ER TANKEN DER TÆLLER

Dette kapitel giver en kort "repetitionsintroduktion" til grundlæggende kognitive metoder og principper. Hvis man ønsker en mere uddybende beskrivelse af *den kognitive model af tænkningen* henvises til ▭.

Den kognitive model

Hvis du tidligere har stiftet bekendtskab med kognitiv terapi, så kender du sikkert allerede den kognitive model. Rent illustrativt kan vi udtrykke den kognitive model således:

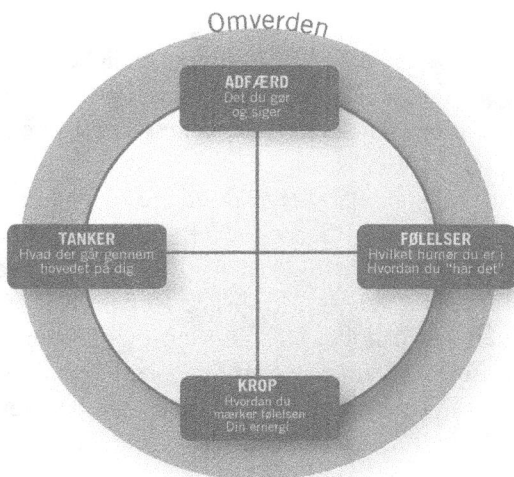

Den kognitive model er en relationsmodel. Det betyder, at de elementer, som er med i modellen – nemlig tanker, adfærd, følelser, krop og omverden – alle sammen påvirker hinanden indbyrdes. Ideen med den kognitive model er at illustrere, at når der sker noget omkring os, så er det ikke det, der sker, der bestemmer, hvordan vi oplever situationen. Det er vores *opfattelse*, der er afgørende. Det er så at sige det, vi *tænker* om situationen, der er med til at bestemme vores *følelser* og *adfærd* – og omvendt: En bestemt *følelse* eller *kropslig reaktion* kan give os bestemte tanker.

Man kan f.eks. forestille sig en undervisningssituation på gymnasiet eller universitetet. Det, at læreren siger: "Hvem vil gå til tavlen og gennemgå denne her andengradsligning?" får ikke i sig selv dine øjne til at slå ned, dine skuldre til at falde, din mave til at snurre og din nervøsitet til at stige. Det er det, du tænker om situationen, der bestemmer, hvordan du har det. Hvis dine tanker lyder: "Åh nej, det kan jeg ikke. Jeg kommer til at dumme mig", så vil din krop, dine følelser og dine handlinger sandsynligvis se ud som netop beskrevet. Hvis du derimod tænker: "Hvilken god mulighed for at øve mig og vise hvad jeg kan", vil du være mere tilbøjelig til at få hånden i vejret, og følelsen i maven vil nok nærmere være spænding frem for nervøsitet.

Det er altså tanken, der tæller. Men hvad, der er nok så vigtigt og netop pointen med at præsentere den kognitive model som en relationsmodel, er, at der i den grad er et tæt samspil mellem menneskets tanker, følelser, kropslige fornemmelser og handlinger. En tanke kan sætte noget i gang. Men modellen virker også "den anden vej". Bestemte *følelser* eller *handlinger* kan også påvirke vores *tanker*. Hvis man f.eks. tager mod til sig og går til tavlen og oplever, at det går godt, kan tanken forholdsvis let ændres til: "Jeg er slet ikke så dårlig til matematik, som jeg først troede".

Omverdenen bør tænkes med

Bemærk, at den grafiske fremstilling af den kognitive model adskiller sig en smule fra den klassiske, lidt mere simple kognitive model ☎. I nærværende bog er omverdenen indført som en femte faktor i modellen. Det er der primært to årsager til:

For det første giver det os en forklaring på, hvorfor nogle mennesker er mere tilbøjelige til at få en given tanke eller følelsesmæssig reaktion end andre. Hvis man f.eks. har været udsat for vold eller mishandling gennem længere tid, er det indlysende, at man langt oftere tænker på sig selv som værdiløs, ubrugelig og sårbar. Måske tænker man også, at verden er farlig, utilregnelig og til tider ligefrem uudholdelig. Man behøver imidlertid ikke at have været ude for traumatiske oplevelser, for at ens tanker, følelser, kropslige fornemmelser eller adfærd påvirkes af omgivelserne. Faktorer som social omgangskreds, køn, kultur, religion, medier, arbejdsplads mv. kan påvirke, hvad man tænker og føler.

Den anden årsag til at inddrage omgivelserne i den kognitive model er, at dette perspektiv kan være med til at undgå, at vi alt for let laver *omstruktureringsfejl* ☎, når vi evaluerer og nuancerer vores tænkning. Hvis vi medtænker omgivelserne, så forfalder vi – forhåbentlig – sjældnere til ukritisk optimisme eller negligering af sandheden. Målet er ikke, at vi altid blot skal "tænke positivt og springe ud i det". Der findes overdrevent autoritative lærere og klasser med en undertrykkende social kultur, og her er det objektivt set sandsynligt, at der vil blive grinet af dig ved tavlen. Nervøsiteten og de negative tanker er derfor helt forståelige. Der er med andre ord mange situationer, hvor *omverdenen* – de sociale og kulturelle rammer eller de konkrete fysiske forhold – vitterligt gør det vanskeligt at handle på en bestemt måde. Her er det langt fra nok blot at ændre sine tanker. Selvom vi har inddraget omgivelserne i den kognitive model, er en væsentlig pointe imidlertid stadig: Det er ikke den overdrevent autoritative lærer, der giver os ondt i maven. Det er ikke den knirkende dør, der får os til at gemme os under sengen. Det er og bliver vores *opfattelse* af læreren, eller det der sker ved døren, der bestemmer, hvordan vi har det med læreren eller døren.

I kognitiv terapi arbejder vi meget med de *tanker*, som fører til uhensigtsmæssig adfærd. Det er imidlertid et ligeså betydningsfuldt aspekt at arbejde med handlingernes betydning for vores tanker. En væsentlig del af kognitiv terapi er således også at tilegne sig ny og/ eller udvikle eksisterende *adfærd*. Derfor hedder det også kognitiv adfærdsterapi.

Du er, hvad du tænker og gør

Med henvisning til *omverdenen* i den kognitive model har man mulighed for at illustrere, at alle mennesker har en unik forståelse af dem selv og deres omgivelser – det vi kalder *basale antagelser* og *kerneoverbevisninger* 📖 - som netop er opstået på baggrund af deres tidligere erfaringer og opvækst.

Mennesket er således indrettet, at vi hver eneste dag gør alt, hvad vi kan for at bekræfte disse antagelser ved selektivt at inddrage den information, der "passer til" vores antagelser og overbevisninger. Hvis vi ser os selv som værdifulde og elskelige mennesker, har vi tendens til at overse de episoder, der ville kunne afkræfte det. Hvis vi derimod grundlæggende betragter os selv som værende inkompetente, har vi travlt med at lægge mærke til folks afvisninger, de fejl vi begår og de ting, der ikke lykkes.

De *adfærdsmæssige* reaktioner er ofte med til at vedligeholde fortolkningen. For hver gang man undgår at gå til tavlen, vedligeholder man tanken om, at man ikke har, hvad der skal til for at stå deroppe. For hver gang man scanner udhuset for edderkopper, vedligeholder man tanken om, at edderkopper er farlige.

De *følelsesmæssige* reaktioner er ofte med til at forstærke fortolkningen. Når man sidder i klassen og mærker, at maven snører sig sammen, er det let at tænke, at en sådan reaktion må være et tegn

Henrik Tingleff

på, at det ikke bare er ubehageligt, men måske ligefrem skadeligt at gå til tavlen: "Når jeg føler mig angst bare ved tanken om det, hvordan vil jeg så ikke få det, når jeg rent faktisk står deroppe?"

Når vi på denne måde vedligeholder vores antagelser, betyder det også, at vores daglige aktiviteter, vores adfærd og de strategier, vi følger, i høj grad er bestemt af vores tanker om os selv og omverdenen, og af vores umiddelbare *adfærdsmæssige* reaktioner på de udfordringer vi møder. Det bliver i høj grad tankerne, der afgør, hvad vi beskæftiger os med, hvad vi forsøger at undgå, hvad vi roser os selv for, hvad vi skælder os selv ud for osv.

Afsættet for kognitiv terapi er således, at det i sidste ende er karakteren af vores antagelser, der er afgørende for, om vi er velfungerende eller ej. Hensigtsmæssige og funktionelle antagelser vil gøre os velfungerende, mens uhensigtsmæssige, dysfunktionelle antagelser vil gøre vores liv anstrengt og begrænset. Netop derfor er essensen i kognitiv terapi, at man ser enhver psykisk problemstilling som forårsaget af dysfunktionelle, forvrængede tanker.

Enkelt – men ikke så enkelt endda

Når de kognitive metoder og principper fremstilles, som de gør her, så virker det hele dejligt enkelt. Det er det sådan set også:
Kognitiv terapi går i sin mest simple form ud på, at hjælpe folk der har det skidt – dvs. oplever negative følelser – med at identificere den tanke, der genererer følelsen, og derefter undersøge og evaluere i hvor høj grad tanken stemmer overnes med "virkeligheden". Viser det sig, at tanken ikke stemmer overnes med "virkelighedens verden", så reformuleres den i samarbejde med klienten, og den nye fortolkning/ tanke vil give en ny og bedre følelsesmæssig tilstand. Evaluering og nuancering af tanker sker oftest samtidig med, at klienten forsøger at ændre eller tilpasse de handlemønstre, som er med til at vedligeholde dysfunktionelle og forvrængede tanker.
I *praksis* går det selvfølgelig ikke altid lige efter bogen. Som i alle andre udviklingsprocesser møder man også i arbejdet med kognitiv

terapi udfordringer og vanskeligheder. Princippet i kognitiv terapi er imidlertid som netop beskrevet forholdsvist enkelt.

Det, at der findes en forholdsvis enkel beskrivelse af kognitiv terapi, har desværre gjort, at der de senere år er opstået mange fordomme om, hvor simpel og ufølsom kognitiv terapi kan være. Fordommene opstår dels pga. manglende viden, men desværre også pga. uprofessionel og ukorrekt anvendelse af kognitiv terapi.

Fordomme

Nedenfor præsenteres og kommenteres kort en række af de fordomme, som huserer om kognitiv terapi. Intentionen med dette er langt fra at lange ud efter nogen eller at præsentere dogmatiske modsvar. Intentionen er snarere at bruge fordommene til – ved hjælp af modargumenter – at præsentere nogle af de elementer ved kognitiv terapi, som jeg finder særligt væsentlige og værdifulde.

Fordom: Kognitiv terapi lærer blot folk at se alting i et positivt lys, selvom situationen virkelig er negativ.

Kognitiv terapi: Kognitiv terapi forsøger ikke at lære mennesker at se ting mere positivt. Kognitiv terapi søger at lære mennesker at evaluere situationen og se tingene i et mere realistisk lys. Det er som udgangspunkt ikke interessant, om en tanke er positiv eller negativ. Det interessante er, om tanken stemmer overens med "virkelighedens verden" eller ej.

Forskning har vist, at hvis en person har en psykisk lidelse, vil vedkommende ofte se en række situationer på en forvrænget og uhensigtsmæssig måde. Sygdommen forvrænger altså billedet af virkeligheden, således at tanker og opfattelser ikke længere er realistiske. Formålet med kognitiv terapi bliver hermed at lære personen at evaluere og nuancere disse forvrængninger af tænkningen, så tankerne i højere grad kommer til at afspejle et realistisk verdensbillede.

Fordom: Kognitiv terapi handler kun om overfladeproblemer og gør ikke meget for at ændre kernen i folks problemer.

Kognitiv terapi: Kognitiv terapi starter med at behandle de problemer, klienten oplever i sin hver dag her-og-nu. Dette har til formål at hjælpe klienten til hurtigst muligt at få en lettere hverdag. I takt med at klient og terapeut får flere og flere informationer om, hvad klienten tænker om de problematiske situationer, som klienten møder i sin hverdag, bliver der imidlertid et bedre og bedre grundlag for at forstå, hvordan klienten overordnet ser sig selv, andre og verden. Klientens antagelser og overbevisninger er ofte skabt i barndommen og er derfor dybtliggende. De kan dukke op i hverdagssituationer som angstfyldte eller depressive tanker, der leder til negativer følelser og uhensigtsmæssige adfærdsmæssige reaktioner.

Den kognitive terapeut arbejder sammen med klienten på at analysere, hvad der sker i en given her-og-nu-situation. Der arbejdes helt konkret med at undersøge nye måder at handle eller reagere på samt med alternative måder at tænke på, for herigennem at ændre uhensigtsmæssige adfærdsmønstre og negative tanker. Når klienten ser, hvordan hans eller hendes reaktioner, humør og andre symptomer kan forbedres - når klienten begynder at se vanskelige situationer i et mere realistisk lys - begynder vedkommende typisk gradvist at forlade de uhensigtsmæssige antagelser og overbevisninger.

Målet med at arbejde med her-og-nu-oplevelser er således at ændre de dybereliggende uhensigtsmæssige antagelser. Vejen hertil er typisk at få nye her-og-nu-oplevelser, som overbeviser klienten om, at tingene kan løses eller håndteres på en mere konstruktiv måde.

Fordom: Kognitiv terapi handler kun om at ændre din tænkning. Der bliver ikke arbejdet med dine handlemønstre eller din evne til at håndtere praktiske problemer.

Kognitiv terapi: Kognitiv terapi arbejder både med tanker, følelser, adfærd og kropslige reaktioner (jf. den kognitive model).

Kognitiv terapi er som beskrevet baseret på en antagelse om, at ens underliggende overbevisninger påvirker den måde, som vi opfatter forskellige situationer på, og dermed hvilke tanker, følelser, adfærdsmæssige reaktioner og fysiske symptomer, vi får. Den kognitive model illustrerer, at tanker, følelser, kropslige fornemmelser og adfærd er relateret således, at en ændring i det ene område påvirker de andre områder: Ændres dine tanker om en given situation, vil det øjensynligt ændre din adfærd i situationen. Og omvendt: Man kan f.eks. bruge en bevidst ændret adfærd til at nuancere sin tænkning. Netop derfor starter et kognitivt terapeutisk forløb ofte med fokus på netop adfærdsmæssige reaktioner og fysiske symptomer.

Med hensyn til problemløsning er det således, at kognitiv terapi ikke går ud fra, at tanker per definition er falske, og at alle problemer kan løses ved at tænke anderledes. Den kognitive tilgang handler om, at en tanke er en hypotese, der kan være sand eller usand. Hvis det viser sig, at en negativ eller problematisk tanke er sand, når den evalueres, så vil en god kognitiv terapi netop fortsætte med at problemløse på situationen: Hvad kan vi så gøre? Hvordan ser situationen ud? Hvad skal du lære?

Fordom: Alle kognitive terapeuter foretager den samme slags terapi. Hvis jeg har prøvet én kognitiv terapeut uden at det hjalp, betyder det, at kognitiv behandling slet ikke virker på mig.

Kognitiv terapi: Desværre er det således, at ikke alle terapeuter, som kalder sig kognitive terapeuter eller kognitive adfærdsterapeuter, virkelig er trænede og kvalificerede til at praktisere kognitiv terapi. Efterhånden som kognitiv terapi bliver mere og mere kendt, bruger flere og flere terapeuter den kognitive terapis 'teknikker' i deres praksis. Fordi en terapeut bruger dele af kognitiv terapi i sin praksis, betyder det imidlertid ikke nødvendigvis, at han eller hun faktisk udfører kognitiv terapeutisk behandling. Kvalificeret kognitiv terapi kræver, at man mestrer mange forskellige terapeutiske teknikker og har indsigt i individuelt tilrettelagte behandlingsforløb tilpasset forskellige lidelser. Tjek derfor altid om den kognitive terapeut, du opsøger, har relevant uddannelse og træning i kognitiv terapi.

Fordom: Overdreven brug af kognitiv terapi kan gøre dig til et ufølsomt og robotagtigt menneske.

Kognitiv terapi: Den konventionelle psykologis kritik af kognitiv terapi handler ofte om, at kognitiv terapi ikke udvikler "livskunstnere" men robotter, bogholdere eller computere.

Dette er ifølge min erfaring langt fra en realistisk udlægning af det kognitive terapifelt. Kognitiv terapi forsøger ikke at forhindre mennesker i at have negative følelser. Både positive og negative følelser er en selvfølgelig del af livet. Hvis man imidlertid oplever overdrevne og begrænsende følelser, kan kognitiv terapi hjælpe med at undersøge, hvorfor det sker og samtidig være med til at ændre på det. Målet er på ingen måde at stoppe mennesker i at have følelser. Målet er at hjælpe mennesker med at mindske deres forvrængede og dysfunktionelle reaktioner og således understøtte dem i at lære at tænke mere realistisk og lære at håndtere situationer, som de førhen enten har undgået eller følt ubehag ved.

Fordom: Kognitiv terapi er et quick-fix. Seks eller syv terapisessioner er nok.

Kognitiv terapi: Kognitiv terapi kaldes ganske rigtigt korttidsterapi. Dette skal ses i forhold til mere konventionelle terapeutiske retninger, hvor et terapiforløb i nogle situationer kan strække sig over flere år. Der er imidlertid ikke nogen standard-længde på et kognitivt terapiforløb. Det afhænger selvsagt af problematikken, klienten, terapeuten, deres relation og en masse andre faktorer.

Kognitiv terapi er i høj grad baseret på klientens eget arbejde med f.eks. registrering og udfordring af tanker samt løbende små adfærdseksperimenter. Sessionerne med terapeuten er i virkeligheden

den mindste del af arbejdet. Det er således ikke antallet af sessioner, der er afgørende, men derimod tiden mellem sessionerne, og det som denne tid bruges til.

Hovedpunkter i forståelsen af kognitiv terapi

Bogen: *Kognitiv terapi – metoder i hverdagen 1* 📖 giver et grundigt billede af, hvad kognitiv terapi er og ikke er. Her skal blot nævnes en række overskrifter, som kan være med til at fastholde nogle væsentlige pointer.

Kognitiv terapi er:

* Videnskabeligt funderet
  Ikke bare i den forstand, at både teori og metode er blevet testet og valideret gennem utallige undersøgelser, men også i den forstand, at metoden opfordrer klienten til at agere videnskabsmand i sit eget liv. Det sker f.eks. helt konkret ved at lære klienten at betragte tanker som hypoteser, der kan undersøges nærmere.

* Værdibaseret
  Kognitiv terapi anerkender, at folk har etik, moral og værdier – bl.a. i form at antagelser om dem selv og omverdenen. Et af målene i kognitiv terapi er at hjælpe folk til at have fleksible, nuancerede, ikke-ekstreme og selvstøttende værdier, der hjælper dem derhen, hvor de gerne vil være.

* Helhedsorienteret
  Problemet er ikke bare i ens tanker. Problemer er ikke bare noget, man forestiller sig. Arbejdet med tanker er ikke et mål i sig selv, det er midlet til at løse de problemer, der kan være forbundet med selvopfattelse, adfærd, sociale relationer, omgivelser osv.

* Her-og-nu orienteret
  Kognitiv terapi fokuserer mere på, hvad der her og nu vedligeholder problemet, og hvordan det kan ændres, end på hvorfor problemet

oprindeligt er opstået. Det afvises dog ikke at bruge tid og kræfter på oplevelser fra klientens fortid, hvis det kan hjælpe ham til at nuancere og ændre den måde, han tænker og handler på her og nu.

- Metodeorienteret
Kognitiv terapi er ikke defineret ved de metoder, der anvendes, men terapimetoden er kendetegnet ved en lang række konkrete metoder, som kan anvendes i specifikke situationer. Det gør terapiformen let tilgængelig og løsningsfokuseret.

- Strategiorienteret
Kognitiv terapi hjælper klienten til at undersøge, om nogle af de strategier, han følger i dag, nærmere vedligeholder end løser problemer. Kognitiv terapi hjælper klienten til at opbygge nye og mere hensigtsmæssige strategier.

- Ligeværdigt samarbejde
I kognitiv terapi er klienten og terapeuten ligeværdige samarbejdspartnere, der i fællesskab udforsker klientens problematik og formulerer løsninger og nye muligheder. Terapeuten er eksperten på metoden, mens klienten er eksperten på sig selv. Ingen af delene kan undværes for at opnå effekt.

- Selvhjælpsorienteret
Det vigtigste mål i kognitiv terapi er at lære klienten selv at bruge hensigtsmæssige metoder og herved blive sin egen terapeut. Det sikres bl.a. ved altid at delagtiggøre klienten i, hvordan man forstår hans eller hendes problemstilling samt hvordan og hvorfor, de anvendte metoder fungerer.

KAPITEL 2
NÅR DU IKKE KAN FÅ FAT I TANKEN

Hvis du har prøvet at registrere tanker, har du med stor sandsynlighed også oplevet situationer, hvor det ikke er lykkedes. Det er betydeligt lettere sagt end gjort at registrere, hvad der går igennem hovedet på én selv, og man kan ofte opleve, at svaret på spørgsmålet: "Hvad gik der lige gennem hovedet på mig dér?" bliver: "Det ved jeg ikke" eller måske: "Jeg tænkte ikke noget - det skete bare". Nedenfor følger nogle metoder, du kan forsøge dig med, når du oplever, at du ikke lige kan registrere, hvad det er, der går gennem dit hoved i en problematisk situation.

Gik der noget gennem hovedet på mig?

Stort set alle kognitive interventioner starter med, at man spørger sig selv:

- Hvad gik der lige gennem hovedet på mig dér? eller
- Hvad tænkte jeg?

Man forsøger på denne måde at registrere de (automatiske negative) tanker, der spiller sammen med ubehagelige følelser, kropslige fornemmelser eller uhensigtsmæssig adfærd. I praksis er det dog de allerfærreste, der bare kan læse og registrere deres egne tanker, som om de kørte på en lysavis hen over panden. Man kan derfor være hurtig til at drage konklusionen: "Jeg tænkte vitterlig ikke noget".

En af antagelserne i kognitiv terapi er imidlertid, at hvis der er en følelse, en kropslig fornemmelse eller en bestemt adfærd, så er der også en tanke – uanset om vi er bevidste om den eller ej. Nogle gange skal vi bare stå lidt på hovedet for at få fat i den.

Er følelsen i virkeligheden en tanke?

I mange af de situationer hvor vi oplever, at vi ikke kan registrere vores tanker, har vi faktisk allerede gjort det. Vi har bare ikke formuleret, at det er en tanke – måske kalder vi det en følelse eller en fornemmelse. Et klassisk eksempel fra min praksis kunne være:

Psykolog: Da hun gjorde sådan, hvad gik der så igennem hovedet på dig?

Klient: Hm. Jeg ved det ikke... Jeg følte mig bare så hjælpeløs, som om jeg aldrig får det til at fungere med hende.

Psykolog: Så da du havde de tanker: "Jeg er hjælpeløs" og "Jeg får det aldrig til at fungere med hende", hvordan havde du det så følelsesmæssigt?

Klient: Jeg blev frustreret. Rigtig frustreret.

Klienten formulerer faktisk klokkeklart to automatiske negative tanker, men de bliver rent retorisk fremstillet som følelser. Sådan formulerer vi os ret ofte. Tænk på udtryk som: "Jeg føler ikke, jeg kan nå det", "Jeg føler ikke, han forstår mig", "Jeg føler mig ikke klædt på til opgaven". Det er alt sammen tanker:
• "Jeg kan ikke nå det"
• "Han forstår mig ikke"
• "Jeg er ikke klædt på til opgaven"

Som hver især medfører en følelse:
• Bekymring
• Ked af det
• Nervøsitet

Derfor: Hvis du ikke synes, at du kan finde tanken, så kig på de følelser, du har beskrevet. Det kunne jo være, at det i virkeligheden

Henrik Tingleff

var meget konkrete tanker "i forklædning".

Nogle gange kan det være svært at skelne mellem tanker og følelser. Hvis det er tilfældet, kan man – når man har formuleret en følelse – prøve at stille sig følgende spørgsmål:

• Hvilket humør giver denne følelse mig?
• Hvad føler jeg ved at have det sådan?

Hvis man med afsæt i disse spørgsmål kan formulere nye følelser, så er der formentlig tale om, at det, man først noterede sig, egentlig var en tanke.

Man kan også prøve at sætte "Jeg er..." foran den noterede følelse. Hvis det giver mening, er der sandsynligvis tale om en følelse. F.eks.: "Jeg er ked af det", "Jeg er vred", "Jeg er irriteret" osv. Man skal selvfølgelig se bort fra sætninger som: "Jeg er dum", "Jeg er grim", "Jeg er uovervindelig" osv. Her er der åbenlyst ikke tale om følelser, men om tanker.

Stiller du spørgsmål - så svar!

Lisa kom ind på klinikken efter at have oplevet en svær episode. Jeg spurgte, om hun havde forsøgt sig med at evaluere og nuancere på de tanker, der gik gennem hovedet på hende. Hun svarede: "Jamen det kunne jeg jo ikke... Jeg havde udfyldt mit tanke-registreringsark, og jeg havde både tanker og følelser og det hele, men jeg kan jo ikke omstrukturere på de tanker her". Lisa læste de tanker, hun havde registreret, op:

"Mon de nogensinde tilgiver mig?"
"Hvorfor skulle jeg også sige sådan?"
"Lærer jeg aldrig at tænke, før jeg taler?"

Lisa havde jo sådan set ret. Det er svært at søge *beviser* for og imod, overveje *brugbarhed* eller *dekatastrofere* på sådanne spørgsmål. Lisa havde også ret i, at det var dét, der gik igennem hovedet på hende. Det var imidlertid ikke de automatiske tanker, hun havde fået fat i.

Bag hvert af Lisas spørgsmål ligger en automatisk tanke, og den automatiske tanke er med ret stor sandsynlighed Lisas umiddelbare svar på de nævnte spørgsmål. Svarene kunne f.eks. lyde:
"De tilgiver mig aldrig det her"
"Jeg er et fjols", "Jeg er en sladretante", "Jeg er upålidelig"
"Nej, jeg bliver aldrig bedre til det her"

Så snart Lisa har fået formuleret disse svar – dvs. hendes automatiske tanker - så er der masser at gå i gang med at omstrukturere på. Hun kan f.eks. anvende omstruktureringer som: at samle *beviser*, finde *alternative forklaringer* eller *undersøge brugbarhed* ⌨.

Derfor: Hvis din umiddelbare tanke er et spørgsmål, så prøv at svare på spørgsmålet. Herved finder du sandsynligvis din automatiske negative tanke.

Tænker du i temaer eller kategorier?
Jørgen havde rigtig svært ved at registrere sine negative tanker, når han blev bekymret. Han var altid mægtig god til at beskrive, hvad der var sket, og hvad han mente, der var på spil. Han blev imidlertid ved med at hævde, at han ikke kunne finde nogen automatiske tanker.

Psykolog: Så du begyndte at føle uro, umiddelbart inden gæsterne kom.

Jørgen: Ja, det var der, jeg begyndte at mærke det.

Psykolog: Hvad gik der gennem hovedet på dig, mens du gik og ventede.

Jørgen: Jamen det var det her med intimitet igen... Jeg er bange for intimiteten.

Psykolog: Så hvad var det, du forudså, at der ville ske?

Jørgen:	Jamen, det er det her med at skulle tale, være på, skulle levere... Det et intimiteten, jeg er bange for.
Psykolog:	Hvem var du mest nervøs for?
Jørgen:	Det er min svoger. Du ved ham, der altid taler så meget og bare er på.
Psykolog:	Så du tænkte: "Han vil sikkert..."
Jørgen:	Jamen han vil jo tale til mig!
Psykolog:	Om...?
Jørgen:	Måske bare sådan noget small-talk, men han vil helt sikkert også høre, hvordan det går med arbejdet, og hvad jeg har udrettet.
Psykolog:	Og det vil ikke være rart?
Jørgen:	Jamen, jeg kan slet ikke være med i det game der... Jeg skal ikke imponere ham med alle mulige fine sager.
Psykolog:	Så du tænkte, at han vil tænke eller sige...
Jørgen:	Jamen, jeg ved det ikke... Altså, der skete jo heller ikke noget. Han spurgte ikke rigtigt, og jeg fik ikke snakket med ham. Det er bare denne her intimitet, jeg frygter.
Psykolog:	Men hvis du havde talt med ham, så havde det ikke været rart?
Jørgen:	Nej, bestemt ikke.

Psykolog:	OK, så gæsterne er ved at komme, og du begynder at blive anspændt og nervøs. Tanken, der går gennem dit hoved, er noget som: "Han vil spørge mig, hvad jeg har udrettet, og det vil få mig til at have det skidt", "Jeg skal imponere ham". Er det rigtigt?
Jørgen:	Ja, det lyder rigtigt nok.

Nogle gange kommer vi til – som Jørgen her – at fortabe os i hændelsesforløbet eller i et tema. Jørgen stirrer sig blind på temaet "intimitet" og får ikke lyttet til, hvad det er, han tænker om det at skulle være sammen med andre. Han får ikke sat ord på, hvad det er, han frygter eller forudser, at der kan ske. Han får ikke formuleret sine egentlige automatiske tanker.

Nogle gange er man nødt til at blive ved med at spørge ind – ligesom psykologen gør her i samtalen med Jørgen. Man må forsøge at holde sig selv fast på, at temaer og hændelser nok er interessante, men de er ikke så relevante, når det gælder det kognitive evalueringsarbejde. Her er det "tankedata", der tæller. Du kan prøve at "holde dig selv fast" ved at blive ved med at stille spørgsmål, som handler om betydninger og forudsigelser i forhold til de temaer eller handlingsforløb, der fylder i dit hoved. Det kan være spørgsmål som:
- Hvilken betydning får det for mig?
- Hvad fortæller det om, hvordan andre tænker om mig?
- Hvad siger det om mig?
- Hvad siger det om andre mennesker, samfundet eller den sociale ramme, jeg er i lige nu?
- Hvad mener jeg, at det vil føre til?
- Hvad frygter jeg, at der vil ske nu? Og hvad vil det betyde?

Få hjælp af en psykolog

Endelig er det jo sådan, at vi ikke altid kan være vores egen terapeut. Nogle gange er man ganske enkelt nødt til at have én at spille bold opad, for at finde ud af hvad der er på spil.

Hvis du således gentagende gange oplever, at det med at registrere tankerne ikke rigtig lykkes, så kan det være en god ide at få lidt træning hos en god kognitiv psykolog.

Men husk frem for alt, at det at registrere tanker, ikke er det letteste i verden. Der skal mange forsøg til, før man føler sig skarp og sikker – og selv som rutineret vil man indimellem opleve, at det kan være rigtig vanskeligt. Vi er kun mennesker og ikke computere - gudskelov!

KAPITEL 3
METODER TIL TANKEINTERVENTION

Når det er lykkedes at registrere de tanker, som går gennem hovedet på dig i en konkret problematisk situation, så har du det "materiale", der skal til for at kunne evaluere og nuancere dine tanker. I dette kapitel beskrives en række metoder, som du kan bruge til at undersøge, i hvor høj grad de tanker, der går gennem hovedet på dig, er realistiske. Metoderne kan ses som et supplement til de mere grundlæggende metoder, som er beskrevet i 📖.

KVALITETEN AF BEVISET

Om metoden

Én af de helt grundlæggende kognitive metoder er at betragte tanker som hypoteser og undersøge *beviser for og i mod* denne tanke/hypotese 📖. Denne metode rummer hele essensen af de kognitive terapimetoder: Er mine tanker realistiske?

Vi ved, at tanker kan være unuancerede og forvrængede. Problemet er, at det kan de beviser, vi bruger i vores undersøgelser af tankerne, jo også være. Dét, vi oplever som et bevis, der kan be- eller afkræfte vores hypotese, behøver jo ikke være sandt.
Derfor kan det være en rigtig god ide indimellem at gå skridtet videre og ikke bare undersøge beviser for og imod en given tanke (hypotese), men også undersøge kvaliteten af de beviser, man nu har fundet frem.

Fremgangsmåde

Når du har lavet en liste med *beviser for* og i *mod* de tanker, du vil teste, så skal du kigge din liste kritisk igennem: Er beviserne nu også gangbare? De fleste mennesker er mest tilbøjelige til at forvrænge de beviser, der taler *for* den negative tanke. Kig derfor først på disse beviser og spørg dig selv:

* Hvor godt er det bevis egentlig? Ville en udefrakommende se det som et overbevisende argument?
* Kan jeg med hånden på hjertet sige, at det ikke er overdrevet? Underdrevet? Fordrejet?
* Ville andre give mig ret, hvis jeg fremførte det? Ville de se det som nøgternt og reelt - eller som irrationelt?
* Repræsenterer nogle af mine beviser én – eller flere – af de klassiske tankefejl, f.eks. *katastrofetænkning, tunnelsyn, diskvalificering af positive ting* eller *personalisering?* 🖘
* Er [mit bevis] indiskutabelt et tegn på [min hypotese]?
  Altså: Er det, at "han blev tavs" (bevis) indiskutabelt et tegn på, at "han blev sur" (hypotese) på samme måde som, at "mit hjerte slår"(bevis) indiskutabelt er et tegn på, at "jeg er i live" (hypotese).

Nogle gange kan det være en god ide at gå beviserne systematisk og kritisk igennem. Det kan f.eks. være i et skema som det vises på næste side:

Bevis for min hypotese: "Peter blev sur på mig" (da jeg meldte afbud)	Kvaliteten af beviserne
Jeg kunne mærke det på ham. Jeg har virkelig følelsen af, at han blev sur.	Følelser er ikke sandhedsvidner. Min fornemmelse i maven kan ikke ses som et bevis på, hvordan verden ser ud. Jeg laver tankefejlen: Følelsesmæssig bekræftelse ⌐.
Han lød stille i telefonen.	At lyde stille er ikke det samme som at være sur. Man kan være stille af mange årsager. Måske blev han ked af det, måske ærgerlig – måske alt muligt andet. Jeg ved ikke, hvad der gik gennem hovedet på ham – og jeg kan i hvert fald ikke udlede det af kraften i hans stemme.
Han blev sur på Jørgen, da han meldte fra.	Jørgen og jeg er to forskellige personer, og vores afbud var af to meget forskellige årsager. Det kan stadig være, at Peter blev sur på mig, men det, at han blev sur på Jørgen, er ikke noget bevis på, at han også blev sur på mig.

Case

Martin er sidst i trediverne. Han lever et godt og sundt liv, men er altid meget presset og stresset. Han har som regel travlt på sit arbejde, men det, der presser ham mest, er, at han har en regel for sig selv, der hedder: "Jeg må ikke træffe lette beslutninger. Hvis jeg gør det, så går det galt". Denne regel gør naturligvis, at Martin bruger meget tid på at tænke, vurdere og undersøge mange forskellige ting, inden han gør noget som helst. Martin er opmærksom på, at reglen er med til at stresse ham, og han har også forsøgt at undersøge beviser for og imod denne regel. Dette er imidlertid vanskeligt, for Martin bliver ved med at kunne huske episoder fra tidligere, hvor en let beslutning skabte problemer for ham. For at kunne sænke sit stressniveau sætter han sig for at undersøge kvaliteten af sine beviser.

Spørgsmål: Jeg har før begået fejl, fordi jeg har taget lette beslutninger. Men vil jeg kunne overbevise en udefrakommende om, at alle altid tager fejl, når de træffer en let beslutning?

Svar: Det bliver nok lidt svært… Men jeg har jo oplevet det. Det er jo sket!

Spørgsmål: Men fordi det er sket før, kan jeg så uden at overdrive sige, at det altid vil ske?

Svar: Nej, det kan jeg jo nok ikke…

Spørgsmål: Hvis jeg kigger på sætningen: "Det er sket fire-fem gange, så det vil altid ske", er der så en af de klassiske tankefejl i den?

Svar: Det ligner en *overgeneralisering*. Dvs. at man drager voldsomme negative konklusioner, som går langt ud over den aktuelle situation.
Jeg prøver jo at overbevise mig selv om, at fordi

noget er sket et par gange, så vil det altid ske. Det er en overgeneralisering.

Spørgsmål: Er der noget, som en udefrakommende nok ville henlede min opmærksomhed på, og som jeg ikke har taget i betragtning?

Svar: Hm, måske det med at jeg faktisk aldrig traf en gennemtænkt beslutning om at flytte samme med min kone – eller om at vi blev gift... Det skete bare.

Spørgsmål: Er det gået galt?

Svar: Nej, det er det bedste, jeg har gjort!

Spørgsmål: Så hvor godt er egentlig det bevis, der hedder: "Fordi jeg før har taget fejl ved lette beslutninger, så er jeg altid nødt til at tænke alt igennem"?

Svar: Det er ikke særlig godt. Det holder ikke i længden.

Spørgsmål: Så hvad skal jeg gøre ved det?

Svar: Jeg skal stryge det fra min bevisliste – og måske forsøge at træffe nogle lettere beslutninger og så undersøge hvordan det går.

AFPROBLEMATISERING

Om metoden

Det fortælles, at Mark Twain engang har sagt: "Jeg har haft mange problemer i mit liv. De fleste af dem blev ikke til noget". I en uheldig kombination af tankefejl som katastrofetænkning, overgeneralisering og *tankelæsning* 👄 kan vi meget hurtigt få skabt problemer for fremtiden – uden at der nødvendigvis er belæg for, at de vil opstå. Forventede problemer kan f.eks. skabe større eller mindre angstreaktioner og deraf følgende lyst til undvigelse og flugt. Vi kan således lynhurtigt lave en "fælde" for os selv ved både at se problemer, der endnu ikke er der, og samtidig undlade at formulere ressourcer eller løsninger i forhold til de problemer, som evt. kunne opstå.

For at undgå en sådan situation kan vi f.eks. begynde at *undersøge beviser, alternativer* eller *værste og bedste scenarier* for hver enkelt af de ventede problemer 👄. Vi kan også gå mere direkte til værks og anvende metoden *afproblematisering*, dvs. søge at forholde os rationelt til, at nok kan problemer eller udfordringer (tænkes at) opstå, men fordi de opstår, behøver de ikke at være uovervindelige. Metoden går i al sin enkelhed ud på at opliste og aktivere de ressourcer, som du i kraft af tankefejl kunne have glemt, at du har. Herved opnår man i bedste fald, at problemerne slet ikke bliver til noget.

Fremgangsmåde

Fremgangsmåden i denne kognitive metode er meget simpel. Der er ét eneste spørgsmål, du skal stille dig selv:
* Det er ikke et uoverkommeligt problem, fordi…?

Det kan være svært at skulle svare på dette spørgsmål. Tænk derfor på velkendte nuancerende spørgsmål, som:
* Er der aspekter af situationen, jeg ikke har lagt mærke til?
* Hvilke ressourcer har jeg, som jeg ikke har taget i betragtning?
* Kunne jeg få nogen form for hjælp?

- Kunne der ske noget andet end det?
- Hvad er det bedste, der kunne ske? Det mest realistiske?
- Selv hvis tanken er sand, kan jeg så tænke på nogle gode ting, jeg kan gøre eller engagere mig i på trods af det?
- Hvis tanken er sand, er mine muligheder for at påvirke situationen bare lidt - så helt ude?

Case

Lasse skal til lønforhandling. Han er ikke meget for det. Dels fordi han måske ikke føler sig som den bedste forhandler i verden, og dels fordi hans chef har ry for at være en hård hund, der ikke giver ved dørene. Lasse har allerede én gang oplevet at gå fra en lønforhandling med en meget dårlig oplevelse og 2000 kr. for lidt i bagagen. Lasse oplister det, han ser som problemerne ved samtalen:
- Chefen vil blive aggressiv og kritiserende
- Der bliver dårlig stemning
- Han fyrer mig på stedet

Han må derefter forsøge at svare på hver af disse problemer igen med sætningen: "Det er ikke et uoverkommeligt problem, fordi...":

Det er ikke et uoverkommeligt problem, at *han bliver aggressiv* og *kritiserende,* fordi ...:
- Det handler ikke om mig. Han gør sådan over for alle andre.
- Han har kritiseret mig mange gange før, og jeg har altid kunnet ryste det af mig efter et par timer.

Det er ikke et uoverkommeligt problem, at *der bliver dårlig stemning,* fordi ...:
- Målet med en forhandling er ikke, at der skal være en god stemning.
- Målet er at nå en brugbar aftale.
- Livet handler generelt set ikke om at undgå dårlig stemning eller modstand, men om at kunne håndtere problemerne, når de kommer. Her har jeg en mulighed for at øve mig.
- Dårlig stemning er sjældent vedvarende. Måske vil tingene være ændret til det bedre allerede dagen efter - eller næste gang jeg ser ham.

Det er ikke et uoverkommeligt problem, at *han fyrer mig* fordi …:

- Den løn, jeg kræver, er helt normal for mit job. Jeg vil kunne få den løn mange andre steder.
- Jeg har opbakning hjemmefra til at sætte jobbet ind på at få den løn, jeg kræver.

Bemærk

Denne metode kan misbruges eller rettere mistolkes og føre kognitiv terapi over i ukritisk *positive thinking*, dvs. over i en situation, hvor det bare gælder om at sige, at et problem slet ikke er noget problem alligevel. Dette er langt fra hensigten!

Det er meget væsentligt at være opmærksom på, at målet med metoden *afproblematisering* naturligvis *ikke* er at erstatte reelle bekymringer med ukritisk optimistiske ideer. Målet er at hjælpe dig selv til at tænke "forbi stopklodsen" og se, om der vitterlig ikke er nogle muligheder "på den anden side". Derfor skal dine "Det er ikke et uoverkommeligt problem, fordi"-svar naturligvis – som i alle andre situationer i kognitiv terapi - være realistiske! Hvis du f.eks. ikke har opbakning hjemmefra til at satse jobbet, eller hvis der ikke er andre jobs at få, så er det jo et problem at blive fyret, og så må du forholde dig til, om du vitterlig vil stille dine krav så firkantet op.

Med andre ord: Ved brug af metoden Afproblematisering er det uhyre vigtigt løbende at forholde sig til, om man begår en eller flere af de klassiske omstruktureringsfejl: *ukritisk optimisme, negligere sandheden, anbringe skylden eller minimering*.

AFSÆT BEKYMRINGSTID

Om metoden

Mange af os kender til, at en given situation, bekymring, opgave eller problematik bliver ved med at køre rundt i hovedet på os. Det kan være forholdsvis simple ting som: "Kan jeg nu huske, hvad jeg skal sige i mit oplæg på mandag?" eller: "Fik jeg nu svaret klart og tydeligt nok?". Det kan også være tanker, som er værre, f.eks.: "Var det nu det rigtige job at tage?" eller "Elsker min mand mig stadig?". Eller dybt alvorlige spørgsmål som: "Bliver jeg nogensinde rigtig lykkelig?", "Var det virkelig det her, jeg ville med livet?" eller "Er jeg ved at blive syg, deprimeret, miste forstanden?"

Det er indlysende, at hver af disse tanker vil generere nedtrykthed, dræne os for energi og spille uhensigtsmæssigt ind på vores adfærd. Hvis man så til og med gentager tankerne med stor hyppighed, vil det kun gøre humøret og tilstanden værre. Dertil kommer, at den tid og energi, man bruger på tankerne og bekymringerne, skal komme et sted fra. Dermed bliver der helt konkret mindre tid og energi til at beskæftige sig med ting, som er langt sundere og bedre for én. Det kan derfor være en rigtig god ide at øve sig i at begrænse sine bekymringer til et fast tidspunkt.

Fremgangsmåde

1. Afsæt et konkret tidsrum på et fast sted som "bekymringstid". F.eks. hver eftermiddag fra 16:00 til 16:30 – eller hvilken frekvens der nu passer dig. Sørg for at tidspunktet er et "godt tidspunkt for dig", dvs. at det er realistisk at holde og passer i forhold til dine øvrige daglige aktiviteter.

2. Hver gang en bekymringstanke melder sig i løbet af dagen, accepterer du, at den er der, registrerer, hvad den handler om, skriver evt. en kort note om den og udsætter den så til næste bekymringstid: "Der kom igen en tanke om jobbet. Nu tænkte jeg, at jeg bare spiller skuespil, og at de gennemskuer mig en dag. Den

noterer jeg mig lige, og så må jeg tænke nærmere over det i næste bekymringstid".

3. Suppler ovenstående med en række rationelle svar til bekymringerne, dvs. svar der fortæller, hvorfor bekymringerne ikke hører til lige nu og derfor bør udsættes. Det kan være rationelle argumenter som: "Den tanke gør ikke noget godt for mig lige nu", "Den tanke fjerner min koncentration fra det, jeg er i gang med", "Den tanke har intet at gøre med det, jeg er i gang med", "Hvis min veninde ringede lige nu og begyndte at snakke om noget helt irrelevant, ville jeg også bede hende ringe senere", "Det dræner mig for energi at tænke den tanke. Jo mere energi jeg bruger på den, jo mindre har jeg til rent faktisk at forholde mig til den senere.", "Jeg kan alligevel ikke handle på min tanke lige nu".

4. Når din bekymringstid kommer, så må du bekymre dig, ærgre dig, blive ked af det, vred eller fortvivle lige så meget, du vil. Du må svælge i tankerne og lade dem fylde alt det, de vil, lige så længe bekymringstiden varer. Når bekymringstiden er slut, må du igen tilbage til at registrere, acceptere og udskyde tanken, indtil du næste gang har din bekymringstid.

Efterhånden som du bliver bedre og bedre til at udskyde tankerne, kan du også begynde at bruge bekymringstiden til aktiv intervention over for dig selv. Du kan lave tankeregistreringsark og omstrukturering, du kan lave problemløsning, eller du kan planlægge adfærdseksperimenter, der kan gøre dig klogere på, om din bekymring er rationel eller irrationel.

Case

Karina er 32 år. Hun er blevet skilt efter et tidligt men langt ægteskab og er nu alene med to børn i skolealderen. Skilsmissen har ikke været ekstraordinært vanskelig, og både praktisk og økonomisk er hun i forholdsvis trygge rammer. Hendes hverdag har imidlertid udviklet sig til at være fyldt med bekymringstanker som: "Hvad nu hvis jeg var blevet i ægteskabet?", "Hvordan mon mit liv så havde været?", "Hvad betyder skilsmissen for børnene, kommer de til at trives på sigt?", "Kunne vi have gjort det anderledes?", "Kan jeg blive lykkelig igen?", "Kan jeg være god nok for mine børn?" osv.

Tankerne gør Karina rigtig ked af det og nogle gange også angst. De bliver ved med at vende tilbage. Til sidst beslutter Karina sig for at indføre "bekymringstid" i sin hverdag. Hun tager tidligt fri fra arbejde to dage om ugen og sætter så 45 min af til "skilsmissetid". I den tid tillader hun sig selv at græde, være vred, være frustreret og være forvirret. På alle andre tidspunkter, når tankerne kommer, laver hun en kort note og henviser tankerne til "skilsmissetiden". Efter 3-4 uger begynder Karina at bruge "skilsmissetiden" på omstrukturering og evaluering og efter 7-8 uger oplever hun både, at tankerne aftager i hendes hverdag, og at hendes humør generelt er bedre. Med tiden kan hun også indskrænke bekymringstiden til kortere og sjældnere seancer.

SANDSYNLIGHEDSBEREGNINGER

Om metoden

Essensen af kognitiv terapi i praksis er at kunne skelne mellem forestillinger og fakta. At kunne forholde sig til, at fordi noget går gennem hovedet på én, er det ikke ensbetydende med, at det også er sådan, tingene hænger sammen i "virkeligheden", eller at det er dét, man tænker, der vil komme til at ske.

Nogle gange - især når tankerne handler om fremtiden - kan det være rigtig svært at afgøre, om de er "sande" eller "falske", "fakta" eller "forestillinger". Vi ved ganske enkelt ikke, hvad der kommer til at ske. Derfor er det heller ikke muligt at afgøre, om vi f.eks. bliver skilt, om vi bliver fyret, eller om vi dumper til eksamen. Vi kan imidlertid lave en grundig undersøgelse af sandsynligheden. Med udgangspunkt i vores erfaringer med hvad der er sket i lignende situationer, kan vi se på, hvor sandsynligt det rent faktisk er, at den aktuelle tanke vil blive sand denne gang.

Fremgangsmåde

Vi må nøgternt forholde os til sandsynligheden for, at det vi frygter – f.eks. "Jeg dumper eksamen", "Jeg bliver fyret", eller "Jeg mister kontrollen" – reelt set vil kunne ske. Det er derfor oplagt at stille sig selv spørgsmål som:

- Hvor mange gange før har jeg forestillet mig noget lignende?
- Har jeg nogen gange taget fejl?
- Hvor mange gange har jeg haft ret?
- Hvilken procentfordeling er der mellem: "Tanken har vist sig at blive sand" og "Tanken har vist sig ikke at blive sand"?
- Hvad siger det om sandsynligheden for, at det sker denne gang?

Hvis man ikke har tidligere erfaringer med lige netop den konkrete situation, som man frygter, kan man f.eks. spørge sig selv:

- Hvor mange gange før har jeg stået i en lignende situation?
- Hvor mange gange har jeg klaret situationen?

- Hvor mange gange har jeg ikke klaret situationen?
- Hvilken procentfordeling er der mellem: "Det frygtede har vist sig at ske" hhv. "Det frygtede har vist sig ikke at ske"?
- Hvad siger det om sandsynligheden for, at det sker denne gang?

Når procentsatser og sandsynligheder er opgjort, kan det være en god ide at forholde sig til, om det så er en risiko, der er værd at løbe:
- Hvis jeg havde denne sandsynlighed for at vinde i Lotto, ville jeg så spille?
- Er det fair odds at give sig selv, hvis jeg kaster mig ud i det her?
- Kan man realistisk set få bedre odds?
- I hvilke andre situationer tør jeg godt løbe en risiko? Er risikoen større eller mindre her?

Case

Mette skal til eksamen på universitetet. Hun er meget nervøs for at "gå i sort" inde i eksamenslokalet. Hun har tanker om, at hun kan trække en tekst, hun slet ikke har læst, at hun ikke kan få et ord over sine læber, og at læreren vil stille lettere og lettere spørgsmål, uden at hun kan give ét eneste svar. (Nedenstående session er gengivet i sin helhed bagest i bogen):

Psykolog: Ok, hvor mange gange har du været oppe til eksamen?

Klient: Det ved jeg ikke – mange!

Psykolog: Hvad ville et seriøst bud være, når du regner alle de oplevelser, du har haft, med?

Klient: Siden folkeskolen har det vel været 10-15 hvert år, så det er vel 60-70 stykker, vil jeg tro.

Psykolog: Det må mindst være noget i den retning. Og hvor mange gange ud af de 70 eksaminer, har du ikke været i stand til at sige noget som helst?

Klient:	Ikke nogen... [smiler]
Psykolog:	Og hvor mange gange har du oplevet, at du slet ikke havde kigget på den tekst, du var oppe i?
Klient:	Det prøvede jeg faktisk en enkelt gang i folkeskolen.
Psykolog:	Ok, så hvor mange gange?
Klient:	Én.
Psykolog:	Ud af hvor mange?
Klient:	70.
Psykolog:	Så hvad er det i procent?
Klient:	[griner] Ikke så meget, det er vel ca. 1 %
Psykolog:	Har du oplevet, at læreren har stillet lettere og lettere spørgsmål, uden at du har været i stand til at sige det mindste?
Klient:	Narh, for det meste siger jeg jo noget på et tidspunkt!
Psykolog:	Så hvor mange gange har du oplevet, at der bliver stillet lettere og lettere spørgsmål, uden at du kan sige nogen som helst?
Klient:	Ingen.
Spørgsmål:	Og til sidst: Hvor mange af de her eksaminer har du rent faktisk dumpet?
Klient:	Kun én.

Psykolog: Hvor mange?

Klient: Én.

Psykolog: Og i procent?

Klient: Omkring 1 % [griner].

Psykolog: Så vi har 1 % for ikke at have set teksten og 1 % for at dumpe. Det er 2 %!

Klient: [griner] Ja, ok, ok, ok!

Psykolog: Så hvor stor er din succesrate?

Klient: Min succesrate?

Psykolog: Ja, du har jo oplevet en del af dit skrækscenarium. Du har oplevet det 2 % af tiden. Så hvor mange gange har du ikke oplevet det? Det vil sige, hvor mange gange har du haft succes?

Klient: Det må jo så være 98 %.

Psykolog: 98 %! Hvis du havde 98 % chance for at vinde i Lotto, ville du så købe et lod?

Klient: Ja, det ville jeg jo nok... Helt bestemt!

Psykolog: Så hvis du går til en eksamen, og statistisk set har 98 % chance for at klare det, vil du så gå?

Klient: Det vil jeg!

Psykolog: Og hvis du har en fortid, der fortæller dig, at du har 2 % X og 98 % Y, ville du så sige, at du altid får X?

Klient: Nej bestemt ikke?

Psykolog: Hvad er det rationelle svar til: "Hver gang jeg prøver, går det galt"?

Klient: Ok, jeg har den, jeg har den! Jeg er faktisk lykkedes 98 % af gangene, så nej, jeg fejler ikke hver gang!

Henrik Tingleff

TANKEEKSPONERING

Om metoden

Vi kan til tider være plaget af tanker om fremtiden. Tanker, der gør os usikre, nervøse eller direkte bange. Det kan f.eks. være tanker om at møde et menneske, der har trådt på os eller ydmyget os, og som vi derfor har det rigtig dårligt med: "Bare jeg nu ikke møder John!". Det kan være tanker om at komme til at begå en fejl i en vigtig situation: "Jeg kunne gå i stå midt i årsberetningen foran 3000 mennesker" eller måske endnu værre at komme ud for noget rigtig ubehageligt: "Tænk hvis jeg blev alvorligt syg". Det kunne også være den ultimativt ubehagelige tanke: "Jeg skal dø en dag". Nedenstående metode kan være god at anvende, hvis man er plaget af en tanke, som bliver ved med at vende tilbage, og som hver gang giver voldsomt ubehag.

Det, vi normalt gør, er at skubbe tanken væk, ignorere den eller på anden måde flygte fra den: "Den skal jo ikke have lov til at spolere dagligdagen for os", tænker vi måske. Det er imidlertid sådan, at netop flugten fra tanken ødelægger det for os, for det øger blot uvisheden og dermed angsten for tanken. Den vil derfor typisk vende tilbage lidt senere og måske endda med øget intensitet.

Kuren er derfor at få tanken i overmål, dvs. udsætte os selv så meget for tanken, at den bliver ligegyldig, ubetydelig eller i bedste fald kedelig. Det er lidt samme princip, som når vi spiser alt for mange af vores yndlings-chokoladekiks. De sidste kiks er slet ikke så tillokkende som de første!

Fremgangsmåde

Eksponeringen bør foregå på to planer:

Overordnet eksponering: Tag fat i den tanke, som beskriver det, du frygter: "Jeg kan blive til grin". Skriv den ned, kig på den og gentag den så tyve minutter i træk hver eneste dag:

"Jeg kan blive til grin", "Jeg kan blive til grin", "Jeg kan blive til grin", "Jeg kan blive til grin", "Jeg kan blive til grin", "Jeg kan blive til grin", "Jeg kan blive til grin", "Jeg kan blive til grin", "Jeg kan blive til grin", "Jeg kan blive til grin", "Jeg kan blive til grin", "Jeg kan blive til grin".

Du kan starte lidt lettere ud og f.eks. tilføje en bisætning som:
- "Jeg kan blive til grin – men folk plejer at være meget flinke her på stedet".
- "Jeg kan blive til grin - men der er intet, der tyder på, at jeg ikke kan mit stof, eller at folk vil være efter mig".

Med tiden kan det være en god ide at stramme skruen lidt, og måske ligefrem øge skrækscenariet:
- "Jeg kan blive til grin, og jeg har intet gjort for at undgå det".
- "Jeg kan blive til grin og vil ikke kunne se de mennesker i øjnene igen".

Lav f.eks. denne øvelse i en måned og registrer så, hvordan tanken nu påvirker dig følelsesmæssigt:
- Er tanken stadig lige skræmmende?
- Giver den stadig fysiske og følelsesmæssige reaktioner?
- Hvor betydningsfuld er den nu?

Situationel eksponering: Du kan benytte overeksponering, når de afledte tanker dukker op i løbet af dagen. Det kan f.eks. være tanker som: "Mon John kommer til det her møde" og "Han vil nok gøre alt for at fælde mig".

Tag fat i tanken, formuler den som et forhold, der kan indtræffe, og repeter den for dig selv f.eks. 150 gange lige efter, at du har registreret tanken:

"John vil være til stede på mødet", "John vil være til stede på mødet", "John vil være til stede på mødet", "John vil være til stede på mødet", "John vil være til stede på mødet", "John vil være til stede på mødet", "John vil være til stede på mødet", "John vil være

til stede på mødet", "John vil være til stede på mødet"...
"John vil være efter mig hele dagen", "John vil være efter mig hele dagen", "John vil være efter mig hele dagen", "John vil være efter mig hele dagen", "John vil være efter mig hele dagen", "John vil være efter mig hele dagen", "John vil være efter mig hele dagen", "John vil være efter mig hele dagen"...

Jo mere du keder dig ved at gentage sætningen, jo bedre!

Bemærk

Du kan supplere øvelsen – gøre den sværere/mere effektiv – ved både at lege med indholdet i sætningerne og med måden, du siger dem på. "John vil være efter mig hele dagen" kan f.eks. blive til "Jeg vil blive ydmyget og udstillet". Sætningerne kan siges både med almindeligt stemmeleje og som f.eks. en ond troldmand eller en gyser-speaker, alt sammen for at øge eksponeringsgraden og dermed effekten.

Bemærk, at metoden kan virke lidt bizar, når man blot læser om den her. Det, der står her, er *ikke*, at løsningen på angst blot er at gentage en sætning bevidstløst 2000 gange. Det, der er konceptet her, er, at du i stedet for at flygte fra en tanke ved blot at sige: "Det vil jeg ikke tænke på" i stedet skal prøve at være til stede i tanken. Du skal prøve at beskæftige dig med den, tænke den, sige den højt og mærke den for herigennem at vende dig til den og fjerne mystikken og angsten fra den. En god kur mod angst er nemlig at udskifte flugt med eksponering. Se mere om eksponering i adfærdssammenhæng i kapitel 5.

KAPITEL 4
UOVERENSSTEMMELSE
OG IKKE EFFEKT

Hvordan får jeg det fra hovedet og ned i maven? Det er et spørgsmål, som mange, der arbejder med kognitive metoder, stiller sig selv på et eller andet tidspunkt i processen. Dette kapitel giver forslag til metoder, som kan hjælpe dig med at flytte det, du rationelt set godt ved, ned i maven, således at du også oplever og føler, at det er rigtigt.

Når hoved og mave ikke taler sammen

Indimellem kan man opleve, at man har en negativ tanke, som man rationelt set godt ved ikke stemmer eller ikke har stor sandsynlighed for at blive sand. Alligevel bliver maven ved med at summe, og man kan trods bevidstheden om, "at der ikke er nogen grund til at være nervøs" ikke bare få nervøsiteten til at forsvinde.

Man kan også opleve, at selvom man har fået registreret en automatisk negativ tanke og derefter lavet en god og meningsfuld omstrukturering, så føler man sig stadig utilpas. Selvom man således helt rationelt og logisk tror på de fremkomne svar og den nye tanke, så aftager uroen ikke så meget, som man synes, den burde.

Hvad gør man, når det overblik og den ro, man har i hovedet, ikke vil forplante sig og give ro i maven? Svaret er naturligvis ikke enkelt og lige til.

Der er imidlertid et par ting, som man kan være opmærksom på:

Er det den mest centrale tanke, der er arbejdet med?

Hvis man, selvom man har lavet en god omstrukturering, ikke oplever nogen effekt, kan det være en god ide at undersøge, om det er den mest centrale tanke, man arbejder med. Man kan f.eks. spørge sig selv:

- Er der flere tanker på spil?
- Er der andet, jeg frygter, men som jeg endnu ikke har evalueret på?
- Hvad er det, jeg forudser, der vil ske herfra?

Svarene på disse spørgsmål kan være nye automatiske tanker, som det kan være værd at bruge tid på at undersøge og evaluere.

I nedenstående eksempel oplever klienten Anders netop den situation, at han som udgangspunkt *ikke* havde arbejdet med den mest centrale tanke:

Anders havde i en periode arbejdet med at omstrukturere en række tanker, som omhandlede hans færdigheder og fremtræden i forbindelse med et jobinterview. Han havde lavet gode omstruktureringer, rationelle svar og havde sågar øvet jobinterviewet som rollespil. Anders' bekymring og anspændthed aftog dog kun minimalt i forhold til, hvad man kunne forvente. Det viste sig, efter en ny udredning af problematikken, at Anders, ud over de tanker om jobsøgningssituationen, som han havde præsenteret i første omgang, også havde en række tanker om, hvad der ville ske, hvis han rent faktisk fik jobbet. Han var bekymret for, at han ikke ville være kompetent, at han ville lave fejl, der kostede firmaet millioner af kroner, og at han ville blive skældt ud og fyret.

Det kognitive omstruktureringsarbejde med tankerne om jobinterviewet viste sig således i bedste fald at være spild af tid. Måske havde dette arbejde ligefrem været med til at forværre hans bekymringer, idet sandsynligheden for at få jobbet netop var blevet større i takt med, at han var blevet bedre og bedre til jobsøgningssituationen. Anders var således, paradoksalt nok, kommet tættere på det, han virkelig frygtede. Det var derfor oplagt, at det var nødvendigt at arbejde med de nye negative tanker.

Giv tid, giv tid

Et andet forhold, som må tages i betragtning, hvis man - trods omhyggeligt arbejde med de kognitive metoder - stadig oplever, at hoved og mave ikke altid stemmer overens, er tidsaspektet: Ting tager tid – mennesker tager lang tid!

Kognitiv terapi bliver desværre stadig indimellem fremstillet som en vidunderkur, der kan klare vanskelige psykologiske problematikker på ganske kort tid. Derfor går nogle mennesker desværre også i gang med arbejdet med de kognitive metoder med lidt for høje forventninger og bliver således skuffede, når det ikke "virker" lige med det samme.

Det burde være indlysende, at psykologiske problemstillinger ikke kan klares med et quick-fix. Hvis du f.eks. i 15 år har fortalt dig selv, at du ikke er kompetent, eller hvis du bare i to år med jævne mellemrum har mindet dig selv om, at du ikke er en god nok mor, så har de negative tanker gået igennem dit hoved tusindvis af gange. Det er således let at se, at hverken én, to eller ti gode omstruktureringer med et trylleslag kan "udkonkurrere" de tusindvis af gange, du har overbevist dig selv om det modsatte.

Det er præcis ligesom med fysisk træning. Hvis du f.eks. har trænet dine mavemuskler intensivt i to år og derfor er blevet lidt sammenbøjet, bliver du ikke rank og flot igen ved blot at lave tre eller ti ryghævninger. Der skal altså et vist antal gentagelser til for at opveje det eksisterende. Ikke ligeså mange – heldigvis. Men det tager noget tid.

Derfor: Når du arbejder med kognitiv terapi, så giv det tid. Giv dig selv mulighed for at se på de nye perspektiver igen og igen. Prøv forskellige omstruktureringsmetoder og sørg frem for alt for at få nogle *nye erfaringer* – evt. gennem adfærdseksperimenter (se kapitel 5) - ude i den virkelige verden. Det handler om at hjælpe sig selv med at få nye erfaringer, som modsiger de negative tanker, og som herved kan overbevise ikke bare dit hoved, men også din mave om, at verden godt kan anskues på en anden måde.

På de næste sider følger to klassiske omstruktureringsmetoder, som har vist sig konstruktive at anvende i forbindelse med automatiske negative tanker - specielt når man oplever uoverensstemmelse mellem hoved og mave. Metoderne hedder:

• Hoved-mave dialog (argument–modargument)
• To regelsæt

HOVED-MAVE DIALOG – (ARGUMENT-MODARGUMENT)

Om metoden

Når vi oplever uoverensstemmelser mellem rationaliteten i hovedet og følelsen i maven, kommer det tit til udtryk som et "Jo, men..."-argument over for os selv: "Jo, jeg kan godt se, at sandsynligheden for, at jeg bliver fyret, er minimal, men de kunne reagere anderledes, end jeg tror". Vi begynder således at opløse vores egne argumenter, og den fejl, vi ofte begår her, er at vi tror, at fordi vi har dette ene *men*, så er hele det rationelle udsagn faldet fra hinanden. Vi tror, at bare fordi vi har et lille men, så passer det ikke længere, at risikoen for, at vi bliver fyret, er minimal. Sådan forholder det sig sandsynligvis ikke. Vi er derfor nødt til at fortsætte diskussionen med os selv, dvs. sende argumenter og modargumenter frem og tilbage – ligesom hvis det var en diskussion med et andet menneske.

Fremgangsmåde

Øvelsen går i al sin enkelthed ud på at spille begge roller i en diskussion mellem to opponenter, f.eks.: maven og hovedet. Du fremfører dit rationelle argument f.eks.:"Risikoen for, at jeg bliver fyret, er lille, derfor er det helt ok, at jeg beder om fri på mandag", og spørger så dig selv:

- Hvad ville maven så sige til det?
- Hvad er der at udsætte på det?
- Hvorfor er det så ikke sandt?

Svarene på disse spørgsmål sender du så gennem samme kritiske feedback:

- Hvad siger hovedet så til det?
- Hvad er der ikke taget højde for i det?
- Hvordan kan det modsiges?

Herefter fortsætter du så på samme måde i forsøget på at udrydde alle de men'er, der er til dit rationelle "jo".

Case

Kirsten er socialrådgiver og har måttet opgive at hjælpe en klient med store sociale vanskeligheder. Denne situation har gjort hende meget ked af det. Hun er blevet mere og mere selvbebrejdende og tvivler samtidig på sine evner som rådgiver i socialsektoren. Efter mange omstruktureringer og evalueringer udtrykker Kirsten: "Jo, jeg kan intellektuelt godt se, at jeg ikke har været så dårlig en støtteperson, men alligevel føles det som om, at jeg ikke gjorde det godt nok".

Spørgsmål: Så du mener stadig, at du er en dårlig socialrådgiver? Hvad siger maven?

Svar: Jeg skulle have brugt mere tid på den klient. Jeg burde have strakt mig længere.

Spørgsmål: Hvad siger hovedet til det?

Svar: Jeg gjorde det bedste, jeg kunne. Der er nedskæringer på området, vi har alt for lidt tid og alt for meget stress.

Spørgsmål: Og hvad er der så i vejen med det argument? Hvad siger maven til det?

Svar: Jeg burde have kunnet håndtere det – gjort det anderledes.

Spørgsmål: Hvad siger hovedet til det? Hvorfor kunne du ikke gøre det anderledes?

Svar: Jeg kan ikke gøre andet end mit bedste, og jeg har gjort mere end det – og mere end mange andre i min situation ville have gjort.

Henrik Tingleff

Spørgsmål: Hvad har maven så at udsætte på det?

Svar: Der har nok været et par gange, hvor jeg lod stå lidt til, hvor jeg måske kunne have gjort mere...

Spørgsmål: Og hvad er der så at udsætte på det argument? Hvad siger hovedet?

Svar: At det ikke passer. At jeg vitterligt gjorde alt, hvad jeg kunne hver gang... Og jeg har jo også andre ting i livet at passe, så ferier og weekender skulle jeg jo holde. Der er også andre end mig, der har ansvar. Jeg har ikke siddet alene med alt det her, så selv hvis jeg havde gjort 10 % mere, så havde det nok ikke gjort den store forskel.

Spørgsmål: Hvad siger maven så til det? Er der noget, der gør, at det ikke holder?

Svar: Ikke meget... Jeg tror ikke maven har så meget at sige. Det er jo rigtigt. Jeg gjorde, hvad jeg kunne, og der var mange andre faktorer end mig i spil!

Bemærk

Du vil kunne opleve, at du i en diskussionsproces, som den der er beskrevet her, ender med, at hovedets argumenter ikke holder, dvs.

at mavens argumenter så at sige er stærkere. Hvis det sker, må du gå et skridt tilbage og se på, om du har begået nogle af de klassiske *omstruktureringsfejl* ≈, så nogle af dine "hoved-svar" er blevet lige ukritiske eller optimistiske nok.

Det kan også være nødvendigt at isolere det eller de mave-argumenter, der "slår" hovedets rationelle svar og så evaluere isoleret på dem: Måske er de ikke helt realistiske? Måske laver du *omstruktureringsfejl* og gør så at sige maven urealistisk stærk. Herefter kan du så vende tilbage til Hoved-mave-dialogen igen.

Viser det sig fortsat, at din mave "vinder", og at hovedets argumenter ikke holder – viser det sig f.eks., at Kirsten reelt set ikke har løst sin socialrådgiveropgave fagligt forsvarligt, så er det ikke længere relevant eller konstruktivt at forsøge at overbevise sig om det modsatte. Så er der tale om et reelt problem, og så må du ty til konkret problemløsning!

TO REGELSÆT

Om metoden

En sandsynlig årsag til at opleve uoverensstemmelse mellem rationaliteten i hovedet og mavefornemmelsen er, at vi kan have en tendens til at anvende ét regelsæt, når vi vurderer os selv, og et andet, når vi vurderer andre. Typisk ses et forholdsvist strengt og ufleksibelt regelsæt, der gælder os selv, og et mere overbærende og nuanceret der gælder andre – men det modsatte kan naturligvis også forekomme.

Nedenstående metode har til formål at hjælpe dig med først at klarlægge, om du arbejder med to forskellige regelsæt. Dernæst at kigge på hvorfor det skal forholde sig sådan, og endelig at se på hvad følgerne af sådanne to regelsæt kan være. Målet er naturligvis at lære at dømme sig selv efter et mere nuanceret regelsæt og dermed mindske mavens kritiske røst over for hovedets rationelle og logiske bud.

I nedenstående beskrivelse tages udgangspunkt i det typiske scenarium, hvor man anvender hårdere regler for sig selv end for andre. Alle spørgsmål kan med simpel omformulering ligeledes anvendes, hvis det modsatte er tilfældet.

Fremgangsmåde

Indledningsvis gælder det om at se på, om du ville dømme andre lige så hårdt, som du dømmer dig selv. Dernæst skal du vurdere, om andre ville dømme dig lige så hårdt, som du dømmer dig selv:

- Hvis jeg havde en ven, der stod i samme situation, hvordan ville jeg så "dømme" ham? Hvad ville jeg synes om ham?
- Hvis min bedste ven så mig i denne her situation, hvad ville han så sige om mig?
- Hvis jeg stoppede 100 mennesker på gaden, introducerede dem til historien og spurgte dem, hvad de synes om mig, og det, jeg har gjort – hvad ville de så sige?

Derefter handler det om at se, om der så er to forskellige regelsæt:
* Dømmer jeg mig selv hårdere, end jeg ville dømme andre?
* Ville andre dømme mig lige så hårdt, som jeg dømmer mig selv?

Og endelig handler det om at lægge op til ændring:
* Hvorfor skal jeg dømmes hårdere end andre?
* Hvad retfærdiggør, at jeg skal have ét regelsæt for mig selv og et helt andet og meget anderledes for andre?
* Hvorfor er det, at andre ville være mere forstående end jeg?
* Hvad gør det for mig at dømme mig selv så hårdt?
* Hvad ville der ske, hvis jeg dømte mig selv efter samme regler, som jeg dømmer andre?

Case

Socialrådgiveren Kirsten (fra det eksempel som er anvendt ovenfor) oplever fortsat, at der ikke er overensstemmelse mellem hoved og mave. Tanken: "Jeg er en dårlig socialrådgiver", bliver ved med at dukke op på trods af de logiske argumenter. Kirsten spørger derfor sig selv:

Spørgsmål: Hvis nu min kollega Ulla stod med min sag, og jeg så på det udefra, hvad ville jeg så tænke om hende?

Svar: Hm, ikke meget! At hun havde gjort, hvad man kan, og at der af og til er klienter, det bare ikke lykkes med.

Spørgsmål: Hvad så hvis Ulla ser mig nu... Hvad vil hun synes om det, der er sket for mig?

Svar: Jeg tror faktisk ikke, hun vil lægge ret meget mærke til det. Hun vil højst sandsynligt sige sådan noget som: "Man kan ikke vinde hver gang" eller "Den slags sker". Altså, hvis hun overhovedet bemærkede noget.

Spørgsmål: Ville hun synes, at jeg er en dårlig socialrådgiver?

Svar: Nej, det vil hun ikke. Hun vil slet ikke vurdere mig med udgangspunkt i den sag.

Spørgsmål: Hm, så jeg dømmer altså Ulla mildere, end jeg dømmer mig selv. Og jeg dømmer mig selv hårdere, end Ulla (og sikkert mange andre ligesom hende) ville dømme mig. Hvad får jeg lige ud af det?

Svar: Jeg får det dårligt... Og jeg lytter ikke til mine rationelle argumenter.

Spørgsmål: Hvorfor er det, at der ikke gælder de samme regler for mig som for Ulla?

Svar: Det burde der også gøre. Jeg bør jo dømme mig selv efter de regler, jeg dømmer Ulla efter... Og som hun tilsyneladende dømmer mig efter!

Spørgsmål: Er der noget, der bekræfter, at jeg skal have det hårdere end andre?

Svar: Nej da!

Spørgsmål: Så hvad kunne jeg få ud af at dømme mig selv anderledes?

Svar: Jeg ville få det bedre. Ville kunne slappe mere af.

Spørgsmål: Og hvad ville det betyde for de logiske argumenter?

Svar:	At jeg må lytte til dem.
Spørgsmål:	Ville Ulla bruge de argumenter?
Svar:	Ja, det ville hun.
Spørgsmål:	Og jeg skal dømme mig selv, mere som Ulla gør...
Svar:	Ja, så jeg må også lytte til dem. De er gode nok.
Spørgsmål:	Så: Er jeg en dårlig socialrådgiver, når jeg dømmer mig ud fra det regelsæt, der gælder for alle andre?
Svar:	Nej, det er jeg ikke. Jeg har gjort, hvad jeg kunne!

Bemærk

Hvis du har tendens til perfektionisme, kan det være, at du har argumenter for, at det er i orden, at du dømmer dig selv hårdere, end du dømmer andre. Det kan i så fald være, at du mener, at det nødvendigvis må være sådan. En sådan tankegang kan være med til at vedligeholde uoverensstemmelsen mellem hoved og mave. Hvis det forholder sig således, kan det være en god ide at undersøge *brugbarheden* af tanken: "Jeg skal dømme mig selv hårdere end andre" ▭.

Det kan også være, at du mener, at folk vitterligt vil være kritiske over for dig eller det, du har gjort. Her kan det være hensigtsmæssigt at se på *beviserne for og i mod* den antagelse ▭, at andre folk vil dømme dig for det, du har gjort. Det kan være at dette fører til, at du må revurdere din antagelse. Det kan også være, at du finder ud af, at du må revurdere dine venskaber, *eller* at det måske kommer til at stå klart for dig, at dine venners kritiske kommentarer rent faktisk er berettigede. Det må du i givet fald handle på. Målet er altid at nå frem til den mest realistiske vurdering. Det giver i sidste ende den allerbedste overensstemmelse mellem hoved- og mavefornemmelse.

KAPITEL 5
ADFÆRDSEKSPERIMENTER

Bogen *Kognitiv terapi – metoder i hverdagen 1* introducerer til adfærdseksperimenter i overordnet forstand ⌐. Dette kapitel beskriver mere uddybende både formål, form og opstillingskriterier for adfærdseksperimenter. Adfærdseksperimenter er en væsentlig del af kognitiv terapi, men for at eksperimenterne kan blive et effektivt værktøj, kræver det god viden og indsigt – og ikke mindst forberedelse. Dette kapitel søger at formulere et fagligt fundament, som du kan anvende, når du flytter dine tankeevalueringer fra skrivebordet og ud i den virkelige verden.

Vedligeholdende adfærd

En mand gik rundt på Rådhuspladsen. Han gik med lange nøje afmålte skridt, og han trak en snor efter sig, hvori der var bundet en teske. En anden mand gik hen til ham og spurgte venligt: "Undskyld, men hvorfor trækker du en teske i en snor efter dig?". Den første mand kiggede smilende på ham og sagde som det mest naturlige i verden: "Det skal jeg såmænd sige dig: Det holder tigrene væk." "Jamen," sagde den anden mand, "her er jo ingen tigre." "Nej," sagde manden med teskeen, "der kan du bare se: Det virker!"

Nok er kognitiv terapi *samtaleterapi*, men nogle gange siger én handling mere end tusind ord. Man kunne sikkert lave rigtig mange gode og sunde omstruktureringer, evalueringer og nuanceringer med "teskemanden". Man kunne f.eks. fokusere på sandsynligheden for tigre på Rådhuspladsen eller på teskens effekt, hvis der rent faktisk skulle komme en tiger forbi osv. Men vi kunne også gøre det meget nemmere. Vi kunne jo prøve at lade manden gå en tur på Rådhuspladsen uden sin teske og så lade ham registrere, hvad der så ville ske: Ville tigrene komme?

Hvis teskemanden deltager i omstruktureringsøvelser, kan vi hjælpe ham med at udvikle en *rationel forståelse* af effekten (eller manglen på samme) af teskeen. Vi kan imidlertid meget vel opleve, at hans mave stadig vil fortælle ham, at det trods alt nok er bedst at have teskeen med. Ved at anvende et veltilrettelagt adfærdseksperiment kan vi "komme ud over denne forståelse" og hjælpe ham til helt konkret at opleve og sanse, hvad der sker, hvis han går tur uden sin teske. Vi kan hjælpe ham til også at få en kropslig og mere følelsesmæssig forståelse. Mennesket er både hoved og krop, og hvis vi skal udvikle og ændre vores adfærd, er det vigtigt, at både hoved og krop lærer at forstå ideen med forandringerne.

Selvom historien om teskemanden er ekstrem og mest af alt en vittighed, lever de fleste af os med en større eller mindre mængde af sådan vedligeholdende adfærd – adfærd der fastholder os i en given opfattelse eller ide. Vi tænker måske, at det netop er fordi, vi altid tager de kedelige opgaver, at vores kollegaer kan lide os, at det netop er fordi, vi kommer tidligt hjem hver dag, at vores ægtefælle elsker os, eller at det netop er fordi, vi altid har GPS'en tændt i bilen, at vi ikke farer vild. De fleste af os vil sandsynligvis forholdsvis let kunne acceptere logiske modargumenter men samtidig have svært ved tro på dem "nede i maven:" – "Jo, jeg kunne måske godt komme senere hjem en gang i mellem, men mon ikke hun så ville synes, det var mærkeligt? Måske ville hun alligevel blive lidt sur?" Adfærdseksperimenter kan være en stor hjælp i denne forbindelse. Derfor er de så vigtig en del af kognitiv terapi.

Nogle mennesker er lidt for hurtige, når de kaster sig ud i adfærdseksperimenter. Det betyder i praksis, at de måske ikke er helt grundigt nok forberedt og dermed heller ikke får det optimale udbytte af deres anstrengelser. I værste fald kan et dårligt forberedt adfærdseksperiment oven i købet gøre mere skade end gavn. De kommende sider sætter fokus på nogle af de aspekter, som man må være særligt opmærksom på, når man forbereder, planlægger og evaluerer et adfærdseksperiment.

TESTE HYPOTESER ELLER INDSAMLE INFORMATION

Overordnet set kan et adfærdseksperiment have to formål:
* At teste hypoteser (tanker eller overbevisninger) eller
* At indsamle information.

Adfærdseksperimenter der tester hypoteser

Adfærdseksperimenter, der tester hypoteser, søger svar på følgende spørgsmål:
* Er det rigtigt, at...?

Eksempel: Daniel er 40 år. Han er umiddelbart en rigtig glad og rar person. Han har mange venner, der alle holder meget af ham, og udadtil strutter han af energi. Inden i ser det dog lidt anderledes ud for Daniel. Han er ret bekymret og ofte også ked af det: "Er alle disse mennesker nu også mine rigtige venner?", "Kan de virkelig lide mig?". For at håndtere disse tanker bruger Daniel en masse energi på at drage omsorg for sine venner. Han tager sig altid tid til dem, når de har brug for det. Han sender aldrig en sms uden en "kærlig hilsen" eller en smiley, og han bruger meget energi på at være nærværende og deltagende, når han er sammen med folk.

Daniel har følgende antagelser: "Hvis jeg ikke er der for folk, så afviser de mig", "De kan kun lide mig, hvis jeg altid pleaser dem" og "Hvis jeg ikke tager aktiv del, vil jeg blive udstødt". Vi ved ikke, om Daniels antagelser er rigtige. Vi ved ikke, hvad det er for nogle mennesker, han omgiver sig med. I første omgang kan vi imidlertid betragte Daniels antagelser som hypoteser, teste dem i praksis og således se i hvor høj grad, de stemmer overens med "virkeligheden".

Når man laver adfærdseksperimenter, der tester hypoteser, kan man teoretisk set have tre forskellige fokuspunkter. I praksis vil du nok opleve, at de fletter lidt sammen.

Adfærdseksperimenter kan:
- Teste oprindelig hypotese (hypotese A)
- Teste oprindelig hypotese (hypotese A) op mod en ny hypotese (hypotese B)
- Teste ny hypotese (hypotese B)

Test af hypotese A: Når man tester en oprindelig hypotese, har man i adfærdseksperimentet fokus på, om den oprindelige antagelse nu også passer. I Daniels tilfælde kunne vi f.eks. tage fat i hypotesen: "Hvis ikke jeg er der for folk, så afviser de mig". Denne hypotese kunne f.eks. testes ved, at Daniel afbryder en ven, der ringer for at snakke, med et venligt: "Ved du hvad, jeg har ikke tid lige nu, – vi må tales ved senere", og så se om vennen efterfølgende vil afvise ham.

Når Daniel evaluerer sit eksperiment, må han således fokusere på spørgsmålet:
- Er det rigtigt, at jeg bliver afvist, eller at han tager afstand fra mig?

Hypotese A vs. hypotese B: Når man tester den oprindelige hypotese A op mod en ny (og mere hensigtsmæssig) hypotese B, er man gerne lidt længere henne i forløbet. Daniel kunne f.eks. gennem kognitive omstruktureringer og indledende eksperimenter have fået formuleret alternative hypoteser: "Selv om jeg ikke altid er der 200 % for mine venner, så respekterer de mig" eller "Man kan godt sige nej, og stadig være gode venner."
Daniel kan nu gentage et forsøg lig det første med fokus på spørgsmål som:
- Hvordan reagerede vennerne rent faktisk?
- Hvad gjorde og sagde de?
- Levede reaktionen op til min gamle hypotese eller til noget, der minder om min nye?
- Er hypotese A eller hypotese B mest rigtig?

Teste Hypotese B: Ved at arbejde med "hypotese A vs. hypotese B"-

eksperimenter kan man samle data, der gør en i stand til at formulere en realistisk hypotese B, som man vitterlig tror på og føler er rigtig. Adfærdseksperimenter, der tester hypotese B, kommer således til at handle om at finde så mange data som muligt, som kan støtte den nye hypotese. Først herved kommer hypotese B til at få indflydelse på ens daglige handlemønstre.

Man kan teste hypotese B ved at spørge:
* Passer hypotese B godt med den virkelige verden?

Man skal kunne svare ja i mange forskellige kontekster, for at man kan være sikker på, at hypotesen holder. Daniel kunne f.eks. afprøve sin nye hypotese på arbejdet, når han dyrker fritidsinteresser, når vennerne beder om noget med kort varsel, når vennerne beder om noget med lang varsel, når det gælder økonomiske sager, praktiske sager, følelsesmæssige sager eller... Hver gang gælder det om at skrue lidt ned for venligheden eller aktivt sige fra til de mennesker, som spørger, uanset om det er kollegaer, kammerater, nære venner eller familie. Hver gang kan Daniel teste sin nye hypotese ved at spørge sig selv:
* Passer det, at man godt kan sige nej, og stadig være gode venner?

Adfærdseksperimenter, der indsamler information

Adfærdseksperimenter, der indsamler information, søger svar på følgende spørgsmål:
* Hvad sker der, hvis...?

Det er ikke altid, at man har en klar ide om, hvad der sker, hvis man undlader at gøre, som man plejer. Daniel har måske bemærket, at han er mere trist og bekymret, end han ønsker at være, og han kan måske godt se, at han bruger meget energi på at "være der for andre", men han har måske ingen klar hypotese, som han kan teste. Han har muligvis ingen færdig ide om, hvad der vil ske, hvis han ikke er så opmærksom på andre mennesker, som han plejer. Det kan han bruge et adfærdseksperiment til at finde ud af.

Formålet med denne type eksperimenter er populært sagt at finde ud af, hvad der sker, hvis man bevæger sig forbi stopklodsen og ud på ukendt land. Man får her lejlighed til at forholde sig til, om det nu også er helt så slemt, som man måske (ubevidst?) går og forestiller sig. Den indsamlede information kan så evt. bruges som afsæt til at formulere egentlige hypoteser. Hypoteser som kan testes via nye adfærdseksperimenter.

Man kan indsamle information på flere måder. Når man taler om adfærdseksperimenter, tænker man umiddelbart på, at klienten skal være aktivt deltagende i eksperimentet. Ofte er det også det mest hensigtsmæssige. Det er i de fleste tilfælde den måde, hvorpå man bedst kan skaffe sig ny viden og samtidig gøre sig nye konkrete erfaringer, som både hoved og mave tror på. Alt andet lige fylder det, man har prøvet på egen krop, altid mere end det, man hører eller ser ske for andre.

MEN: Hvis man er *meget* overbevist om en given antagelse – f.eks. hvis man har levet efter den i rigtig mange år – kan det være uendelig svært at bryde med denne antagelse fra det ene øjeblik til det andet. Dette gælder også, selvom man godt ved, at antagelsen er uhensigtsmæssig eller helt forkert. I sådanne sammenhænge kan *observerende* adfærdseksperimenter være gode at anvende.

I et observerende adfærdseksperiment lader man andre bidrage med information. Det kan foregå enten direkte ved, at en pårørende eller ens psykolog udfører handlingen, mens man selv observerer og registrerer, hvad der sker. Det kan også ske *indirekte* i form af "undersøgelser" eller interviews, hvor man spørger venner, familie eller "eksperter". Det kan også handle om at indhente information fra andre kilder, f.eks. fra opslagsværker eller Internettet.

Eksempler: Louise havde været bange for tordenvejr i mange år. Hun turde ikke gå udenfor, tale i telefon, røre vandhaner eller sågar se på lynene fra sit vindue. Louise startede sin kur med at lave direkte,

Henrik Tingleff

observerende adfærdseksperimenter med sin psykolog, som tændte for vandet under tordenvejr eller gik ud på altanen, mens det lynede og tordnede.

Gert var meget bange for at afvise og sige nej til andre mennesker. Han var sikker på, at de ville tage afstand fra ham eller hævne sig, hvis ikke han efterkom deres ønsker. Han var ikke klar til selv at kaste sig ud i et adfærdseksperiment, hvor han aktivt skulle prøve at sige nej og så registrere, hvad der skete. Han lavede derfor i stedet en undersøgelse med ti spørgsmål. Et af spørgsmålene lød:

En ven eller bekendt er uenig med dig i dine synspunkter/holdninger. Hvad vil du gøre?

1) Jeg tager afstand til personen fremover
2) Jeg bliver såret og ked af det
3) Jeg respekterer personen for at stå ved sine holdninger/synspunkter

Gert udgav sig for at være psykologistuderende og formåede at få 65 mennesker på den lokale togstation til at svare på spørgsmålene. Denne lille interviewundersøgelse gav ham data til at evaluere sine antagelser og ikke mindst mod på senere at udføre aktive eksperimenter selv.

Anne var bange for at flyve. Det, der fyldte allermest, var angsten for, at flyet skulle falde ned. Anne gik derfor på Internettet og undersøgte statistikkerne for dødelige styrt samt de internationalt anvendte procedurer og sikkerhedsforanstaltninger.

SPØRGSMÅL OG FOKUS I ALLE EKSPERIMENTETS FASER

Adfærdseksperimenter udføres for at drage erfaringer og konklusioner. Derfor er det vigtigt, at man gør, hvad man kan for at samle så mange erfaringer som muligt, når man bruger tid, energi og mod på at udføre eksperimenterne. Nedenfor er listet en række spørgsmål, som det kan være fornuftigt at forholde sig til hhv. før, under og efter et adfærdseksperiment.

Før eksperimentet

- Er eksperimentets formål klart?
- Hvilken hypotese skal jeg teste?
- Hvad er det, jeg ønsker at finde ud af?
- Hvad er det for en konkret tanke/overbevisning, jeg ønsker at undersøge?
- Hvilken type eksperiment vil give mig de bedste data:
- Hypotesetestende, informationsindsamlende, aktive eller observerende?
- Har du fastlagt tid og sted for eksperimentet og afklaret og skaffet de påkrævede ressourcer?
- Har du overvejet mulige problemer eller udfordringer undervejs i forsøget. Har du taget forbehold, eller har du ressourcer klar til at håndtere de udfordringer, der måtte komme?
- Har du klarlagt, hvordan du vil måle/vurdere udbyttet af eksperimentet?
- Har du aftalt med dig selv, hvornår og hvordan du vil evaluere eksperimentet?

Under eksperimentet

- Er du klar til at gennemføre eksperimentet og gå hele vejen?
- Behøver du yderligere information/afklaring/vished? Hvordan kan du få det?
- Holder du øje med udviklingen og ændringen i kroppens fysiske tilstand og i dine følelser?
- Holder du øje med graden af overbevisning i forhold til den tanke/antagelse, du ønsker at undersøge?

- Er du opmærksom på eventuel sikkerhedsadfærd (se nedenfor), der kan mindske udbyttet af eksperimentet for dig?

Efter eksperimentet

- Hvad er de overordnede erfaringer, du tager med dig. Hvad har eksperimentet sådan helt grundlæggende lært dig?
- Hvad gør det, du tager med dig fra eksperimentet, ved de tanker/antagelser, du ønskede at undersøge?
- Hvordan vil du tage de netop gjorte erfaringer med dig videre?
- Hvordan kan dine erfaringer indarbejdes i din hverdag?
- Har du brugt rigelig tid til refleksion og evaluering af eksperimentet?
- Hvornår vil du gennemgå dine erfaringer igen, og hvilken ny information er det nu vigtigt, at du tilegner dig?

EKSPONERING

En sidste kategori af adfærdseksperimenter er det, vi kalder *eksponering*. Eksponering har vist sig særlig anvendelig i situationer, der er forbundet med usikkerhed, nervøsitet, angst eller andre ubehagelige fysiske symptomer.

Du er allerede i kapitel 3 blevet introduceret for eksponering i forbindelse med ubehagelige *tanker*. Eksponering betyder kort fortalt, at man udsætter sig for noget, der vækker stærkt ubehag. Når vi taler om eksponering i forbindelse med *handlinger* eller *situationer*, handler det ligeledes om at kunne møde det ubehagelige uden flugt eller undvigelse.

Ved at bruge det planlagte og gennemtænkte adfærdseksperiment som anledning til at være til stede i de ubehagelige og evt. angstprovokerende situationer, giver man sig selv mulighed for at registrere, hvad der rent faktisk sker. Man får mulighed for at vænne sig til at være dér, hvor man hidtil har gjort alt for at undgå at være, og man giver kroppen mulighed for at få ro til at lade den fysiske angstreaktion aftage. Det er dét, der i fagsproget kaldes *omstrukturering* (holdt katastrofetankerne stik?), *habituering* (tilvænning) og *udslukning* (angstreaktionen aftager).

En velgennemført eksponering vil som oftest føre til, at man bliver i stand til at gøre det, man tidligere har undgået. Det, der tidligere har udløst angst, fremkalder nu slet ingen eller en langt mindre reaktion.

Eksponering i virkeligheden, i tillempede situationer eller i tanken

Den bedste eksponering er den, der foregår i virkelighedens verden, dvs. i omgivelser, som er så tæt på den frygtede situation som muligt. Hvis man er bange for at køre i elevator, foregår den bedste eksponering i elevatorer. Hvis det er højder, der fremkalder angstreaktioner, er den bedste kur at komme op i et af de høje huse eller bygningsværker, man hidtil har undgået.
Der kan dog være angstfremkaldende situationer, som kan være

meget svære at eksponere sig for. Det kan f.eks. handle om angsten for at holde tale foran mange mennesker. De fleste af os har kun sjældent mulighed for at øve os i at stille os op foran 200 mennesker. Her kan tillempede eksponeringer imidlertid sagtens hjælpe en på vej. Man kan f.eks. samle en gruppe venner eller kollegaer og holde en tale for dem. Man kan gå til offentlige møder, rejse sig op og stille et spørgsmål eller finde på et helt tredje adfærdseksperiment. Hvert lille skridt hjælper. Selv de tillempede situationer kan gøre det meget lettere at håndtere den egentlige angstsituation, når muligheden så byder sig.

Nogle ting kan være helt umulige at eksponere sig for i praksis – sygdomme, ulykker, naturkatastrofer mv. - her er det så, at man med fordel kan anvende tankeeksponering, som det står beskrevet i kapitel 3.

Eksponering med omtanke

Mange af os kender udtrykkene "se angsten i øjnene" eller "konfronter din angst". Hverdagsudtrykkene er som sådan gode nok. Det er dét, eksponering handler om. Det er imidlertid meget væsentligt, at man ikke blot konfronterer for enhver pris og laver uigennemtænkte eksponeringer. Vær derfor opmærksom på følgende:

De grundlæggende principper for adfærdstræning skal overholdes: Eksperimentet skal blandt andet planlægges ordentligt, der skal opstilles hypotese, og der skal afsættes god tid til evaluere, hvad der egentligt skete. De hurtige, uigennemtænkte eksponeringer bliver ofte afrundet med et: "Pyha, det gik da fint, jeg overlevede jo…" og så videre til det næste. Sådanne hurtige eksperimenter giver ikke den optimale effekt, da der ganske enkelt ikke er tid til at fordøje de nye erfaringer. Eksponering er en form for adfærdstræning, som kræver et særligt omhyggeligt forløb. Brug derfor listen med "Spørgsmål og fokus i alle eksperimentets faser", som er gengivet tidligere i dette kapitel.

God eksponering foregår progressivt: En typisk fejl i den uigennemtænkte eksponering er, at man går alt for hurtigt og ukritisk frem. "Konfrontér din angst" bliver desværre nogle gange til: "Konfrontér dit mareridt". Der er imidlertid stor forskel. Hvis du er bange for edderkopper, er det uhensigtsmæssigt at starte med at lade den allerstørste edderkop, du kan finde, kravle rundt på dit bare maveskind. Hvis du plejer at gå væk elle lukke øjnene hver gang, du skal ud i haveskuret af frygt for at møde en edderkop, så laver du en rigtig god eksponering, hvis du blot kigger på en lille husedderkop i et syltetøjsglas.

Pointen er at tage det skridt for skridt og lade eksponeringerne blive sværere og sværere. Hvis eksponeringen går for stærkt – eller hvis du konfronterer dit mareridt frem for din angst – så spilder du i bedste fald din tid. I værste fald kan de uigennemtænkte eksponeringer gøre din angst værre, fordi du måske endnu engang oplever ikke at kunne håndtere situationen. Du bliver således bekræftet i de tanker, du frygter, og drager muligvis nye forvrængede konklusioner.

Angsthierarki

Inden man begynder at eksponere sig, for det man frygter, kan det være en god ide at lave et angsthierarki, dvs. en liste med de frygtede situationer i stigende sværhedsgrad:

- Start med at nævne den situation, du finder allersværest og allermest angstprovokerende. Giv den karakteren 10.
- Hvad ligger der så på et 9-tal?
- På et 8-tal?
- osv.

Til sidst definerer du, hvad der svarer til et 1-tal. Det vil typisk være en situation, som du ikke bryder dig om, og som du ikke gør i dag, men som du mener at kunne gennemføre – med nogen angst og ubehag – hvis du forbereder dig godt og "tager dig sammen". Hvis du således starter dine eksponeringer på trin ét, og så bevæger dig opad i angsthierarkiet, hjælper du dig selv til hele tiden at få små succeser, som gør både dit hoved (dine tanker) og din mave (dine følelser og kropslige reaktioner) langt bedre i stand til at klare de næste og vanskeligere eksponeringer.

Der er ingen regler for, hvor hurtigt du skal gennem hierarkiet. Mange oplever, at det kan gå lidt langsomt i starten, og at man måske skal gennemføre trin ét mange gange. En del oplever ligeledes, at det kan tage lang tid at komme fra trin ét til trin to og trin tre, men så begynder der pludselig at ske noget. Pludselig har man måske mod på at gå hele vejen og springe direkte til trin otte, ni og ti. De fleste oplever heldigvis, at vejen fra trin ét til trin ti er meget, meget kortere, end de troede, da de formulerede listen.

Det væsentlige er imidlertid ikke, hvor hurtigt det går. Det væsentlige er, at du hele tiden føler, at du er udfordret på "næste udviklingstrin". Det betyder, at du skal opleve, at du lige kan klare udfordringen. Samtidig skal du have "en vis portion angst" – ellers er der jo ikke noget at arbejde med. For at du kan arbejde bedst muligt med dit angsthierarki følger nedenfor en række konkrete råd.

Gode råd til arbejdet med eksponering

Formuler mål: Vær helt klar på hvilken hypotese, der skal testes! Hvad er det, du vil have be- eller afkræftet? Vil du teste, hvad der sker i situationen? – med dine tanker? - med din krop?

Forudsigelighed og oplevelse af kontrol fremmer effekt: Jo mere du ved, jo mere du har undersøgt og omstruktureret dig til inden selve eksperimentet, jo bedre! Hvis du f.eks. har statistisk viden om risiko og praktisk viden om kroppens reaktioner under et angstanfald mv., er du godt hjulpet under selve eksponeringen.

Bekæmp ikke angsten: Angst hører med! Eksponering uden angst er ikke eksponering. Hvis angsten skal udslukkes (dvs. aftage), skal den være der. Se derfor angsten som en venlig medspiller. Det skal være lidt skidt, for at det kan blive rigtig godt!

Brug god tid på eksponering: Jo længere tid forsøget varer jo bedre. Længden af forsøget har nemlig indflydelse på den grad af udslukning, som du oplever. Du vænner dig ganske enkelt til at være til stede i det, du har frygtet.

Gentag eksperimenterne med korte intervaller: Jo kortere jo bedre! Forskning har vist, at ti gange på ti dage er langt bedre end ti gange på ti uger. Gør det derfor til en sport i en periode at få eksponeret så meget som muligt.

Varier eksperimentets kontekst: Du får langt bedre resultat, hvis du eksponerer i så mange forskellige kontekster som muligt. Prøv mange forskellige elevatorer – nye, gamle, store, små. Gå i mange høje bygninger: Rundetårn, kirketårnet, en kontorbygning, et almindeligt højhus, et udsigtspunkt. Det vigtige er, at du ikke vænner dig til ét sted, men at det derimod er hele begrebet "højder", "elevatorer" eller f.eks. "edderkopper", som du vænner dig til. I modsat fald vil du opleve højdeskrækken igen, når det ikke lige præcis gælder om at skulle op i netop det højhus, hvor du har trænet.

Overvåg din angst: Hold øje med angstniveauet undervejs. Mål din angst (på en skala fra et til ti) – både når du starter og undervejs. Registrér udviklingen. Hvad sker der med start-angstniveauet, efterhånden som du eksponerer mere og mere? Hvad sker der med angsten undervejs?

Mål din succes på hvad du gør – ikke på hvordan du har det: Angst hører som sagt med. De første mange gange du eksponerer, er målet derfor ikke at være angstfri. Målet er at gøre det, du har frygtet, vænne dig til det og indsamle data om det. Hvis du kan gennemføre dette, har du gjort et meget væsentligt fremskridt!
Brug kognitive metoder før, under og efter eksponeringen: Lad ikke eksponeringen stå alene. Undersøg og evaluer dine automatiske tanker om forsøget både før, under og efter. Det vil give dig det bedste udbytte.

Evaluer altid på hypotesen efter eksperimentet: Formuler for dig selv, hvad du har oplevet og lært. Formuler ligeledes, hvad det siger om de forventninger og hypoteser, du havde inden forsøget

Gentag eksponeringerne indtil angsten er væk – eller til kedsomhed: Jo mere du eksponerer, jo bedre, så bliv ved og ved og ved. Det bedste du kan gøre er at fortsætte med dine eksponeringer, indtil du med hånden på hjertet kan sige, at din angst i situationen er nul. Eller endnu bedre: Bliv ved indtil eksperimentet keder dig, fordi det ganske enkelt ikke vækker en eneste følelse i dig.

Sikkerhedsadfærd – din værste fjende!

Uanset hvilken form for adfærdseksperiment du laver, skal du være opmærksom på, om du snyder dig selv ved at anvende *sikkerhedsadfærd*. Sikkerhedsadfærd er et udtryk for det, man gør for at mindske angsten i en given situation – dvs. de "ritualer" eller "undvigemanøvrer" , man gør for at hjælpe sig selv med at kunne gennemføre. Sikkerhedsadfærd kan også være forbundet med konkrete ting: en taske, en mønt eller en mobiltelefon. I dagligdagen kan sikkerhedsadfærd f.eks. se således ud:

Situation	Potentiel sikkerhedsadfærd
.• Skulle give et afslag	• Starte med at sige: "Jeg er virkelig ked af det, men..."
• Skal holde et oplæg og har en ny og vigtig pointe at fortælle	• Siger alligevel det gængse, som ingen kan blive oprørt over
.• Skal møde til jobsamtale	•Tjekker tidspunkt og adresse fem gange i løbet af morgenen

Sikkerhedsadfærd kan også være mere angstpræget adfærd som:
*   Aldrig at gå hjemmefra uden vandflaske: "Hvis nu jeg bliver dårlig..."

- Altid at have en mobiltelefon på sig
- At sætte sig nær udgangen i bussen eller biografen
- At tage bestemt tøj på
- osv.

Fælles for al sikkerhedsadfærd er, at det vedligeholder angsten på to måder:
- Det bekræfter en i, at en given situation er farlig
- Det fratager en muligheden for at se, at man kan håndtere situationen

Ved altid at indlede sine afslag med undskyldninger og beklagelser, holder man sig selv fast i tanken om, at det er slemt og forkert at give afslag. Man fratager samtidig sig selv muligheden for at se, hvordan folk rent faktisk reagerer, når man ikke undskylder først. Måske kunne man få lejlighed til at registrere, at folk almindeligvis ikke skælder ud? Ved altid at sætte sig nær udgangen holder man fast i tanken om, at bussen er et farligt sted, som det er vigtigt at kunne komme hurtigt ud af. Man fratager også sig selv muligheden for at finde ud af, at man trygt kan sidde midt i bussen lukket inde bag en kraftig mand og stadig komme sikkert frem.

Sikkerhedsadfærd er altså med til at vedligeholde angst. Derfor vil sikkerhedsadfærd under adfærdstræning (f.eks. eksponering) også mindske udbyttet af indsatsen. Det er f.eks. fint at lave et adfærdseksperiment, hvor man laver hypoteser, planlægger og evaluerer på at sige: "Nej" til sin chef. Hvis man imidlertid har indledt med et: "Jeg er frygtelig ked af det men…" som sikkerhedsadfærd, så vil der altid være en tanke tilbage, der hedder: "Han tog det nok kun pænt, fordi jeg undskyldte så meget" eller: "Det er altså forkert at sige fra, jeg måtte jo undskylde for at kunne gøre det". Og så er man, alt andet lige, ikke helt så langt og har ikke fået et lige så objektivt billede af "virkeligheden", som man kunne have fået – uden sikkerhedsadfærd.

Men: Sikkerhedsadfærd kan selvfølgelig være ok i mindre omfang de allerførste gange, man eksponerer, eller når man de første gange eksponerer på et meget højt niveau. Første gang en person med højdeskræk f.eks. går øverst op i Eiffeltårnet kan det være ok at have vandflasken med, hvis det øger sandsynligheden for, at han eller hun kommer derop. Det er imidlertid vigtigt, at man gør sig selv bevidst om, at man anvender sikkerhedsadfærd (medbringer vandflasken) som en slags "krykke", og at målet er, at man snarest muligt skal gentage eksperimentet uden at medbringe vandflasken.

KAPITEL 6
TRE GODE GENERELLE METODER

Nedenstående metoder er ikke stringent klassiske kognitive metoder. De er ikke ren tankeintervention, og de er ikke ren adfærdstræning. Alligevel skal de med i mængden af gode kognitive metoder i hverdagen, fordi det er metoder, der kan gøre tanke- og adfærdsarbejdet lettere og samtidig hjælpe dig med nogle af de udfordringer, som hverdagen byder på.

PROGRESSIONSLISTE

Om metoden

Vi mennesker kan have en uheldig tendens til at fokusere på de ting, der ikke lige er, som de burde være. Vi fokuserer ofte på det, vi kunne have gjort bedre eller på det, som vi skal se at få gjort. Det er ofte det perspektiv, vi evaluerer os selv i. Det kan være, at der ligger en række *tankefejl* ⌨ til grund for disse tanker. Livet er imidlertid nu en gang sådan, at der vitterlig konstant er ting, som vi kunne gøre bedre og ting, som ikke virker, som vi gerne ville have.

Med afsæt i kognitiv teori kan man blive opmærksom på, at det ikke er tingenes tilstand, men det vi tænker om dem, der er afgørende for vores humør. Det er således åbenlyst, at det er uhensigtsmæssigt *i al for høj grad* at fokusere på det, vi kunne ønske os anderledes. Især i en udviklings- og læringsproces vil det være uhensigtsmæssigt at fokusere for meget på alt det, der endnu er at lære frem for at glæde sig over den udvikling, man allerede har oplevet.

Det er et velkendt fænomen, at det man kigger efter, også er det, man får øje på. Vi kan således gøre os selv en god tjeneste ved bevidst at kigge lidt mere efter de ting, som rent faktisk fungerer for os. Herved oplever vi typisk, at det ikke står helt så skidt til, som vi måske kan komme til at tro indimellem. Et godt redskab i denne proces kan være en progressionsliste.

Fremgangsmåde

Når du er færdig med dagens gøremål, så sæt dig med et stykke papir og stil dig selv spørgsmål som:

- Hvad gik godt i dag?
- Hvad gik bedre i dag, end det måske plejer at gøre?
- Hvad har jeg gjort i dag, som var godt for mig?

Du kan også lave din progressionsliste i forhold til en konkret målsætning eller vision og så stille mere konkrete spørgsmål som:

- Hvilke af mine delmål lykkedes det mig at arbejde på i dag?
- Hvilke ting gjorde jeg i dag, som var i overensstemmelse med det, jeg gerne vil gøre, når jeg er i mål?
- Hvad gjorde jeg i dag, som bragte mig tættere på mit mål?

Skriv så mange ting, som du kan komme i tanke om. Det er lige meget hvor store eller hvor små, de er. De kan være alt fra: "Jeg kogte ris, uden at de brændte på" til: "Jeg fandt min drømmepartner". Bare fyld på. Gem dine daglige lister – skriv videre i samme dokument eller på samme ark papir – så du med tiden får en længere og længere liste over dine sejre og succeser.

Bemærk

Det er væsentligt at understrege, at en progressionsliste ikke er et egentligt terapeutisk redskab. Det er udelukkende et lille værktøj, som kan hjælpe os med ikke at fortabe os i alt det, vi ikke nåede eller alt det, vi burde have gjort. Men: Du ændrer ikke en leveregel blot ved at lave en progressionsliste. Du tilegner dig ikke nye færdigheder eller aflægger uhensigtsmæssige strategier ved at skrive en progressionsliste hver aften. Det at lave progressionslisten kan imidlertid være med til at give dig mere energi og motivation til det egentlige terapeutiske arbejde.

ACCEPT

Om metoden

Giv mig sindsro til at acceptere de ting, jeg ikke kan ændre, mod til at ændre de ting jeg kan - og visdom til at kende forskellen.

Sindsro Bønnen

Når man læser om kognitiv terapi, kan man *fejlagtigt* få det indtryk, at vi ved hjælp af evaluering, omstrukturering og eksponering kan ændre så at sige al ting. Man kan også fejlagtigt tro, at alle negative tanker og følelser er uberettigede og derfor skal elimineres. Sådan fungerer kognitiv terapi ikke, og sådan fungerer verden ikke. Det er ikke alt ubehageligt og/eller uhensigtsmæssigt, vi kan eller skal gøre noget ved.

De fleste læsere af denne bog bor i Danmark. Ville vi ikke gerne have længere og varmere somre? Har vi det? Kan vi gøre noget ved det? Nej! Så hvad har vi lært? At vi må rejse sydpå i ferien, hvis vi gerne vil have sol og varme, at vi må isolere vores huse grundigt og lade den varme garderobe fylde mere end sommertøjet. Vi accepterer tingenes tilstand og indretter os efter dem. Tænk på hvordan vores liv så ud, hvis vi ikke ville acceptere de danske vejrforhold!

Vi må af gode grunde *acceptere* mange ting i vores liv – og vi kan lære at gøre det samme med en række af de negative oplevelser, tanker og følelser, som vi uundgåeligt rammes af indimellem.

Fremgangsmåde

Det er ikke let at opstille to eller tre konkrete spørgsmål, der kan hjælpe dig med at acceptere. At acceptere handler til en hvis grad om at optræde som observatør i stedet for at være aktiv deltager. Når du skal acceptere, kan du f.eks. forholde dig til følgende spørgsmål:
- Hvordan ville jeg beskrive det, der sker, hvis ikke jeg skal dømme eller foreslå en handling?
- Er der nogle fordele for mig ved ikke at tage aktiv del?

- Hvad ville der ske, hvis jeg forholdt mig helt neutral til det, der sker?
- Kunne jeg betragte det her som noget, der bare sker for øjnene af mig? Som noget jeg kan lade glide forbi?

Lige så vigtigt som det er *at* acceptere, lige så vigtigt er det at beslutte sig for, *hvornår* man vil acceptere. Udgangspunktet er meget simpelt en cost-benefit analyse:
- Hvad får jeg ud af at handle på det?
- Hvad sker der, hvis jeg involverer mig i det?
- Hvad får jeg ud af at protestere imod det?
- Hvad gør det for mit humør og min energi at beskæftige mig med det?

Og dernæst:
- Hvad får jeg ud af *ikke* at handle på det?
- Hvad sker der, hvis jeg *ikke* involverer mig i det?
- Hvad får jeg ud af at lade det ske og lade det passere?
- Hvad ville det gøre for mit humør og min energi, hvis jeg blot lader det være?

Og endelig:
- Så hvad er mest omkostningsfrit for mig?
- Vil jeg vitterlig betale prisen for at gøre/ikke gøre?

Bemærk

Det er ikke altid let bare at acceptere. I nogle situationer er det imidlertid vigtigt at kunne leve med tingenes tilstand – netop for at undgå unødig stress og bekymring. Som supplement til det at kunne acceptere er der efterhånden også god videnskabelig dokumentation for, at det er nyttigt at dyrke afspænding og meditation. Specielt *mindfullness meditation* er i de seneste år blevet brugt mere og mere sammen med kognitiv terapi.

PROBLEMATISKE POSITIVE LEVEREGLER

Denne bogs sidste "metode" er ikke så meget en metode, som det er en opfordring og en refleksion i et kognitivt perspektiv.

Både denne bog og ⊜ fokuserer meget på negative tanker og negative leveregler – og på de problemer sådanne størrelser kan medføre. Typisk er det da også sådan, at det er de negativt formulerede tanker og regler, der giver os problemer.

Begge bøger beskæftiger sig også meget med rationaliteten i tanker og regler, og læseren bliver instrueret i adskillige metoder til at evaluere, nuancere og vurdere, i hvor høj grad en tanke eller leveregel er "korrekt"/"sandfærdig"/stemmer overens med den objektive verden. Typisk er det sådan, at det netop er, når tanker og leveregler er forvrængede, at de giver problemer for mennesker.

Men: I praksis oplever vi også, at *positive* og *korrekte* regler/tanker *indimellem* kan give vanskeligheder. Tag for eksempel tanker/regler som:
"Vi skal behandle hinanden ordentligt."
"Jeg fortjener fairness og respekt."
"Man skal respektere, hvad der er dit og mit."

Er det negative udsagn? Nej, vel? Er det forvrængede udsagn? Nej, de er ganske reelle. Alligevel kan ideer som disse indimellem skabe meget store problemer. Ikke fordi den person, der har disse tanker, som sådan "gør noget forkert". Problemet ligger typisk et andet sted. Der findes mennesker, der ikke behandler andre fair og rimeligt. Der er folk, for hvem det er en sport at snyde andre. Der bliver stjålet og saboteret. Det er ikke altid den dygtigste medarbejder, der får den højeste løn. Det er ikke nødvendigvis den mest kompetente "ekspert", der udtaler sig på tv. Det burde måske være sådan. Sådan er det ikke. Verden er ikke perfekt. Verden er ikke fair. Verden er unfair.

Derfor vil du af og til opleve, at dine positive – og dybest set objektivt korrekte leveregler og tanker – bliver modbevist ude i verden. Du vil opleve, at verden ikke reagerer, som du forventer. Måske bliver du vred og irriteret, og måske sætter det gang i mange hurtige, automatiske negative tanker. Der er hermed – paradoksalt nok – skabt grobund for ubehag og uhensigtsmæssig adfærd som resultat af en ellers god tanke. Pointen med denne observation er tre ting:

Vær opmærksom på om dine "positive regler" er på spil: Når du oplever ubehagelige følelser, laver tankeregistrering, og så oplever, at du ikke kan finde nogle egentlige negative tanker, så spørg dig selv, om der måske er tale om, at en positiv regel er blevet overtrådt?

Accepter at den brydes: Vær bevidst om dine positive regler. Forsøg at registrere dem og husk dem. Bliv endelig ved med at have dem, forsøg endelig selv at leve op til dem i så høj grad som du kan, men forsøg at forberede dig på, at de ikke nødvendigvis efterleves af andre. Indbyg lidt elastik i dem forstået på den måde, at "det er godt, hvis de bliver overholdt – men det er ikke en katastrofe, når de ikke bliver det".

Overvej udbyttet af at overholde den positive leveregel: Positive og korrekte regler er gode at have - men det kan ikke altid svare sig at kræve, at de bliver overholdt. Selv med en god regel som f.eks. "Vi skal forsøge at forstå hinanden", kan vi ikke undgå at møde mennesker, som ser verden så meget anderledes end os selv, at det kan diskuteres, om det vitterlig er værd at tage en diskussion med dem og forsøge at nå et kompromis. Det kan således være en god ide at spørge sig selv:
- Bliver prisen ved at overholde/forvente min regel overholdt større end prisen ved at lægge den midlertidigt på hylden?

KAPITEL 7
EGENSESSIONER

Et af den kognitive terapis vigtigste mål er hurtigst muligt at gøre klienten selvhjulpen, dvs. at gøre klienten i stand til selv at arbejde med sine problematikker - også uden for psykologens kontor. I dette kapitel sættes der særligt fokus på, hvordan man helt konkret kan lave sine egne sessioner.

Bliv din egen terapeut

Det er væsentligt at være opmærksom på, at hverken denne bog eller dens forgænger ⊜ er selvhjælpsbøger. Bøgerne kan på ingen måde stå alene i behandlingen af psykiske problemer. De er derimod tænkt som værktøjer, der kan hjælpe læseren med at bringe de kognitive metoder og principper ud af terapilokalet og ind i hverdagen.

For at få mest ud af sine egensessioner må man vide lidt om det, der foregår på psykologens kontor: Det handler blandt andet om at lægge en fast struktur for hvornår og hvordan, man arbejder med de kognitive metoder. Nedenfor præsenteres to forskellige skitser til, hvordan man kan gribe det an.

Sesions-rammerne er ikke tænkt således, at der skal svares skriftligt eller mundtligt på hvert enkelt spørgsmål. De er udelukkende tænkt som inspiration til, hvordan en "konsultation med sig selv" kan struktureres, og hvad det kan være fornuftigt at lade den indeholde.

Rammerne bygger på den helt klassiske opbygning af enhver kognitiv session, der i grove træk altid bør foregå som følger:
- Tjek af humør/tilstand
- Opfølgning på hjemmearbejde fra sidst
- Agenda for timen

- Arbejde med problematik
- Aftale nyt hjemmearbejde
- Feedback og ny aftale

Henrik Tingleff

SESSIONSRAMME 1

Denne ramme kan med fordel anvendes parallelt med et egentligt terapiforløb hos en kognitiv psykolog eller først i et forløb, hvor ens problematik stadig skaber mange uhensigtsmæssige situationer. Der er fokus på problematiske situationer og integration af kognitive metoder i hverdagen. Denne ramme ligger tæt op ad den struktur, som en kognitiv psykolog vil følge i en egentlig terapisession.

Lav en dagsorden

- Hvilke emner skal jeg beskæftige mig med?
- Hvilke konkrete problematikker skal jeg finde en løsning på, eller hvilke spørgsmål skal jeg finde et svar på?
- Hvordan skal de prioriteres?
- Hvor lang tid har jeg sat af?

Gennemgang af hjemmearbejde siden sidst

- Hvad har jeg lavet siden sidst?
- Hvilke konklusioner kan jeg drage ud fra det?
- Hvis jeg ikke har fået lavet mit hjemmearbejde – hvad gik der galt? Var det praktiske problemer eller automatiske tanker?
- Skal jeg gentage/ændre noget af dette hjemmearbejde?

Gennemgang af den seneste tid

- Hvilke metoder har jeg anvendt?
- Har der været situationer, hvor jeg kunne have brugt mine metoder men ikke gjorde det? Har der været situationer, hvor jeg kunne have brugt dem anderledes?
- Hvad skal jeg gøre for at huske at bruge disse metoder næste gang, de samme situationer opstår?
- Hvad har jeg gjort, som var godt? Og som jeg skal roses eller belønnes for?

Min problematik

Hvor/hvornår er min problematik opstået i den forgangne periode?
* Hvilke automatiske tanker havde jeg?
* Ser jeg realistisk på det? (og andre omstruktureringsmetoder)
* Kunne jeg se på det på en anden måde? (og andre omstruktureringsmetoder)

Mulige problemer fremover

* Hvor kan min problematik vise sig inden næste gang?
* Hvordan kan jeg håndtere det?
* Hvad har jeg af positive ting at se frem til?

Hjemmearbejde

* Hvad skal jeg lave til næste gang?
* Registrere tanker?
* Forberede adfærdseksperiment?
* Gennemføre adfærdseksperiment?
* Øve rationelle modsvar?
* Aktiviteter?
* Læse noter fra terapi?
* Læse i min bog?

Næste session

* Hvornår skal jeg næste gang have en session med mig selv?
* Hvor meget tid skal jeg sætte af?
* Hvad er det vigtigste, jeg har fået ud af tiden i dag?

SESSIONSRAMME 2

Denne ramme kan anvendes som opfølgning på et terapiforløb – eller i udslusningsfasen af terapiforløbet, hvor der måske går fire til otte uger mellem, man ser sin kognitive psykolog. Rammen kan også bruges til at lave "huske-sessioner", der sikrer, at det kognitive arbejde, man har lavet, ikke mister effekt. Her er fokus ikke så meget på, hvad der er problematisk, men på hvad man gør, der virker, og hvad man skal huske at bruge fremover for at være velfungerende. Denne ramme ligger tæt op ad den struktur, som en kognitiv psykolog vil følge i det, der kaldes "booster-sessions", dvs. opfølgende og vedligeholdende samtaler efter det egentlige terapeutiske forløb.

Status

- Hvad har været godt i den senere tid?
- Hvilke udfordringer har der været?
- Hvordan løste jeg dem?
- Kunne de have været løst anderledes?

Nærmeste fremtid

- Hvad kan der opstå af udfordringer herfra?
- Hvilke tanker vil jeg kunne få?
- Hvordan skal jeg håndtere dem?
- Hvordan skal jeg problemløse?

Metoder

- Hvilke kognitive metoder har jeg anvendt på det sidste?
- Hvilke vil jeg anvende næste gang?
- Er der noget, der kan komme i vejen for det?
- I så fald: Hvordan vil jeg håndtere det?

Langsigtede mål

- Hvilke fremadrettede mål har jeg lige nu for mig selv?
- Hvordan vil jeg nå dem?
- Hvordan kan de kognitive metoder, jeg har lært, hjælpe mig?

Næste session

- Hvornår skal jeg næste gang have en session med mig selv?
- Hvor meget tid skal jeg sætte af?
- Hvad er det vigtigste, jeg har fået ud af tiden i dag?

KAPITEL 8
UNDGÅ TILBAGEFALD

Når du har arbejdet aktivt og intensivt med kognitive metoder – alene eller sammen med en psykolog - er det naturligvis vigtigt, at du ikke langsomt falder tilbage til der, hvor du var, da du startede processen. Nedenstående afsnit præsenterer konkrete anvisninger til, hvordan du kan hjælpe dig selv med at blive ved med at have god gavn af den store indsats, du har gjort i arbejdet med kognitive metoder og principper i din hverdag.

Altid problemer og negative følelser

Dårligt nyt: Uanset hvor godt man arbejder med kognitive metoder og principper, og uanset hvor stor en indsats man gør for at tænke så nuanceret som muligt, så kan det ikke undgås, at man indimellem oplever ubehagelige negative følelser. Du kan blive angst, du kan tvivle på dig selv, og du kan blive både bekymret og ked af det, *selvom* du har både evalueret og nuanceret din tænkning, og *selvom* du måske oven i købet har fået professionel hjælp til det!

Godt nyt: Vær glad for, at det er sådan. Det er lige netop det, der gør dig menneskelig. Det er en del af menneskelivet at have og registrere følelser – både positive og negative. Kognitiv terapi gør dig – gudskelov – ikke til en følelsesløs robot. Kognitiv terapi kan hjælpe dig til at håndtere negative følelser, når de er der, og således medvirke til, at de negative følelser ikke sætter dit liv på standby.
Sagt på en anden måde: Selv om du måske er blevet hjulpet af med en depression, så er det ikke ensbetydende med, at du aldrig mere bliver ked af det. Fordi du har lært at håndtere panikangst, så er der ikke nogen garanti for, at du aldrig mere skal blive bange. Som menneske vil du sandsynligvis opleve hele spekteret af følelser flere gange i løbet af dit liv. Det er der ikke noget som helst forkert i. Men du skal da

fortsat gøre, hvad du kan for at undgå, at følelserne tager over, bliver irrationelle eller bliver til et egentligt tilbagefald. Du kan således med fordel være opmærksom på nedenstående syv metoder:

1. Registrer og accepter tegn på tilbageskridt

Den bedste næring til tilbageskridt er ignorering. Desværre vælger mange at ignorere de små tegn, der viser, at det ikke går så godt, som man havde håbet: Man får ikke evalueret på de tanker, der gør én ked af det, man sover dårligere, man føler kropsligt ubehag, eller man begynder igen at følge sine gamle uhensigtsmæssige strategier. Trods sådanne tegn vælger flere at fortsætte, som om intet var hændt, eller blot håbe, at det nok går over af sig selv. Sådan går det bare sjældent. Problemer skal løses!

En hyppig årsag til, at man vælger at ignorere tilbagegang, er, at man er skamfuld eller pinlig over, at man ikke kan få det til at fungere, som man synes, man burde. Denne reaktion er meget ukonstruktiv, for der er vitterlig ikke noget at skamme sig over. I enhver udviklingsproces er der stilstand eller tilbageskridt. Det gælder, uanset om processen handler om at lære at spille trompet, tale fransk eller håndtere psykologiske problemer.

Alle, der forsøger at lære sig at arbejde med kognitive strategier, vil opleve, at processen kan gå i stå, at humøret igen kan blive dårligere, eller at bekymringerne kan tiltage. Der er altså intet at være pinlig over. Det er langt værre *ikke* at reagere på de tegn på tilbagefald, som man registrerer.

En anden hyppig årsag til at ignorere små hverdagstegn på tilbagefald er katastrofetænkning eller andre former for forvrængninger, f.eks.:
* "Nu troede jeg lige, at det virkede, men nu er alt bare, som det var før".
* "Hvis jeg har én dårlig dag, så tager det bare fart, og så kan jeg pludselig ikke styre det mere".
* "Det virker jo ikke, så jeg kan lige så godt lade være med at prøve".

Henrik Tingleff

Det er alt sammen tanker, der går gennem hovedet på én. Måske fortæller ens følelser også, at tankerne "passer". Men gør det tankerne mere rigtige? Ikke nødvendigvis. I stedet for blot at acceptere de negative tanker om tilbageskridtet, så handler det om *at bruge processen på processen selv*. Det handler med andre ord om at evaluere og nuancere de negative tanker, man gør sig – dvs. at evaluere det man tænker om, hvad arbejdet med den psykologiske udviklingsproces kan gøre for en:

- Hvad taler for, at det er sandt? Hvad taler for, at det ikke er sandt?
- Hvad gør det for mig at tænke sådan?
- Kunne der ske noget andet, end jeg forestiller mig nu?
- Hvordan er det nu, det er med udsving i humør, almindeligt menneskeligt humør og udviklingsprocesser i det hele taget?

Sandsynligvis vil du finde frem til, at en periode med tilbageskridt er helt almindeligt, og at det langtfra er ensbetydende med, at alt dit arbejde er spildt. *Hvis* det imidlertid viser sig, at dine nuværende metoder vitterlig ikke gør noget godt for dig, så er det kun godt, at evalueringen er med til at tydeliggøre dette, så du kan få ændret på strategierne.

2. Ét skridt ad gangen

I alt psykologisk arbejde er det vigtigt at acceptere, at man må tage ét skridt ad gangen. Det kan nogle gange være svært at acceptere – specielt hvis det har kørt rigtig godt i en periode, og man har oplevet virkelig fremgang. Når man f.eks. i en periode har arbejdet rigtig godt med de kognitive metoder og så pludselig oplever, at tingene ændrer sig, så begår mange mennesker den fejl, at de beslutter sig for, at den gode periode er "det eneste rigtige". Hvis de ikke kan blive ved med at have det sådan, eller hvis der pludselig er længere vej, end de først troede, så "kan de lige så godt lade være med at gøre noget". Dette er langtfra en hensigtsmæssig reaktion. Udvikling kan ikke løbe glat af sted hele tiden. Man må tage ét skridt ad gangen.

Tænk f.eks. på en slankekur: Rosa vejer 90 kilo. For syv år siden vejede hun kun 65 kilo. Rosa fortæller: "Dengang så jeg ud, som jeg gerne ville, og dengang kunne jeg klare det hele: Familie, job osv. Men lige nu går slankekuren alt for langsomt, så 25 kilo det kan jeg aldrig tabe. Lige meget hvor lidt eller hvor meget jeg spiser nu – eller hele den næste uge – så er jeg jo stadig uendelig langt fra målet!" Mon Rosa får tabt sig i denne omgang? Næppe. Hvis hun i stedet siger til sig selv: "Ok, jeg vejer 90 kilo. Jeg vil gerne veje 65, men for at nå derned skal jeg først ned på 89. Om 14 dage skal jeg have tabt et kilo, så nu følger jeg denne her kostplan i de næste to uger!" Mon der nu er større chance for, at hun taber sig nu? Mon hun når ned på de 65 kilo? Svaret vil være "Ja" til det første spørgsmål. Det andet spørgsmål kender vi endnu ikke svaret på, men vi ved, at hun i al fald kommer tættere og tættere på målet, hvis hun bliver ved med at følge den samme skridt-for-skridt-strategi.

De samme gælder mht. vores psyke. Hvis du oplever tilbagefald eller stilstand, så undgå at fokusere alt for meget på den optimale situation og på alt det, du synes, at du skulle kunne.
Stil dig i stedet dette simple spørgsmål:
· Hvad kan jeg gøre lige *nu* for at få det *lidt* bedre?

Og når du har gjort det:
· Og hvad kan jeg så gøre *nu* for at få det *lidt* bedre?

Der er altid et lille bitte næste skridt at tage. Når det er taget, er du kommet endnu et skridt i den rigtige retning.

3. Køreplaner

Du kan hjælpe dig selv rigtig godt på vej til både at mindske hyppigheden og sværhedsgraden af dine tilbagefald - og til at øge dine færdigheder i at håndtere dem - ved at lave kognitiv dataindsamling og strategiformulering. Du skal f.eks. overveje:
· Hvad gør jeg, når det går skidt?
· Hvilke ting foretager jeg mig typisk?

- Hvad er det, jeg siger?
- Hvordan handler jeg?

Prøv således at registrere hvad det er, der sker, når det går skidt. Du kan enten registrere tanker og adfærd fra situation til situation, efterhånden som de opstår, eller sætte dig ned og kigge tilbage og således søge at finde mønstre i, hvad du tidligere har gjort i de situationer, hvor du har oplevet tilbagefald. Skriv så en liste over de ting, du finder ud af. En liste kunne f.eks. komme til at se således ud:

- Glemmer at sige nej, og påtager mig for mange opgaver
- Arbejder for længe
- Står op før kl. 6
- Er ikke sammen med børnene hver dag
- Bekymrer mig om fremtiden
- Tænker negativt og bebrejder mig selv

Med udgangspunkt i denne "problemliste" laver du så en køreplan. Din køreplan er alle de redskaber, metoder og strategier, af både mental og praktisk karakter, som du tidligere har brugt og fundet nyttige.

En køreplan kunne f.eks. komme til at se således ud:

Problemer	Køreplan
· Glemmer at sige nej, og påtager mig for mange opgaver	· Læse og repetere mine personlige rettigheder ☞ · Registrere tanker i situationerne og evaluere dem.
· Arbejder for længe	· Gå hver dag senest kl. 16 – uanset om jeg har nået, hvad jeg ville. · Lave en realistisk dagsplan hver dag, når jeg møder.
· Står op før kl. 6	· Pakke taske og lægge tøj frem aftenen før · Sove til 6:15 · Lave og følge den realistiske tidsplan · Sig nej til flere opgaver
· Er ikke sammen med børnene hver dag	· Handling går forud for motivation. Brug tid med børnene hver dag – også selv om jeg ikke lige magter det, når jeg kommer hjem
· Bekymrer mig om fremtiden	· Evaluere vha. metoderne dekatastrofering og værste og bedste scenarier ☞.
· Tænker negativt om og bebrejder mig selv	· Husk at samle beviser for og i mod og kig efter tankefejl.

Når vi er stressede, ryger vi på automatpilot. Når vi bliver presset – fysisk eller psykisk – så har vi ganske enkelt ikke kræfter til at argumentere og diskutere med vores automatiske tanker – og så kommer de "gamle" negative følelser måske frem igen. Det er ikke underligt. Selvom vi måske har trænet og arbejdet med kognitive metoder i en lang periode, så har vi sandsynligvis levet i længere

96

tid med "gamle" tænke- og handlemønstre. Det er derfor dem, der "popper" op, når vi ikke lige har energi til "at stå imod".

Det kan således være en rigtig god ide at være opmærksom på, hvilke faktorer der presser dig. Du kan således være godt forberedt, når disse forhold uvægerligt gør sig gældende og forsøge at afsætte tid og kræfter, så de ikke spolerer din energi og dit humør mere end godt er.

Typiske faktorer, det kan være godt at være på vagt over for, er:

* *Sæsonudsving*: Vinteren er – for mange mennesker - ofte sværere at komme igennem.

* *Søvn*: Hvis du får for lidt eller for meget søvn, kan det påvirke dig.

* *Fysisk aktivitet*: Inaktivitet er roden til alt ondt. Hvis du får rørt dig for lidt, vil du med stor sandsynlighed kunne mærke det.

* *Manglende social omgang*: Hvis du ser for lidt til dine venner, hvis du arbejder meget alene, eller hvis du oplever problemer i relationen til nære personer, kan det påvirke dit humør, din oplevelse af stress og din psyke.

Forsøg gerne at lave en liste over de faktorer, der betyder særligt meget for dig. Lav evt. også en kort køreplan for, hvad du kan gøre – enten for at mindske risikoen for, at situationen opstår, eller for at mindske betydningen, hvis/når dette forekommer.

4. Bliv ved!

Som nævnt er nogle tanker og antagelser mere hårdnakkede end andre – måske fordi du har haft dem rigtig længe. Sådanne antagelser ændres eller forsvinder ikke efter et enkelt adfærdseksperiment eller et par enkelte omstruktureringer. Sådanne antagelser kræver ganske enkelt mange indsatser og mange nye beviser.

Derfor er det altid en god ide at blive ved med aktivt at udfordre dig selv ved at arbejde med dine antagelser. Det kan f.eks. være ved at gentage og øge sværhedsgraden af forskellige adfærds-eksperimenter. Du kan også lave hyppige tankeregistreringer og evalueringer i din hverdag eller vælge andre af de metoder, som du har haft glæde af at arbejde med. Det handler frem for alt om at være opmærksom på, at du ikke begynder at undgå nogle af de situationer, du tidligere har trænet og arbejdet med. Det at undgå problematiske situationer er som bekendt med til at vedligeholde angst (og ubehag). Så undgå at undgå!

Det er ligesom med fysisk træning. Der skal mange gentagelser af de samme øvelser til, for at effekten indfinder sig. Selv efter at effekten begynder at vise sig, skal der stadig laves vedligeholdende træning, for at effekten ikke aftager igen. Ét gennemført maraton er ikke nogen garanti for, at du vil kunne gennemføre alle maratonløb fra nu af, hvis bare du stiller op.

5. Back to basics

Hvis du oplever et tilbageskridt eller et tilbagefald, er du ganske vist faldet af hesten. Men hesten står der endnu, så der er kun én vej frem, og det er op af mudderet og op på sadlen igen. Skal du ride hesten på en helt ny måde? Skal du sidde omvendt på sadlen eller bruge andre kommandoer? Næppe! Måske skal du lige ride lidt langsommere, indtil du er tryg i sadlen igen. Måske skal du lige holde lidt bedre udkig efter knolde på jorden eller larmende biler. Men grundprincipperne for at ride din hest er de samme.

Det samme gælder for arbejdet med de kognitive metoder. Du kan opleve en smutter, du kan opleve et nederlag eller en periode med tristhed og dårligt humør – men det giver fortsat god mening at arbejde med at evaluere og nuancere tanker, adfærdseksperimentere osv. Måske skal du træde et halvt skridt baglæns og lave lidt grundigere tankeregistrering, forberede dit adfærdseksperiment lidt bedre eller bruge lidt mere tid på at opnå overensstemmelse mellem tanke og følelse, men grundprincipperne er fortsat det samme.

6. Fejr dig selv!

Kognitiv terapi er som bekendt oprindeligt udviklet i USA og lige præcis der, behøver man nok ikke dette sidste råd. Men i Danmark er det absolut ikke uvæsentligt at nævne, at du skal huske:

- At rose dig selv for det, du opnår
- At fejre dine succeser
- At holde regnskab med det du opnår – ikke med det du mangler.

I en udviklingsproces er det let at komme til at fokusere på alt det, man ikke kan endnu, det man burde kunne, og det man gerne ville kunne. Dette kan meget let føre til en masse tankefejl som *minimering*, *overgeneralisering* og *tunnelsyn* ⏏ – og med sådanne tanker i hovedet kan det være ganske svært at holde humøret højt. Det bedste, du kan gøre for dig selv for at minimere risikoen for store tilbagefald, er således at bruge tid og energi på dataindsamling om alt det gode, du gør:

- Lav f.eks. en progressionsliste (se kapitel 6) hver dag med to eller tre ting fra dagen, som har været gode og bedre, end de var før. Stort som småt. Alt tæller.
- Hvis du almindeligvis laver to-do-lister i din hverdag, så forsøg indimellem også at lave en "have-done-liste", altså en fortegnelse over alle de ting, du allerede har klaret.
- Giv dig selv belønninger. Køb dig en cola, en god CD eller gå en lang tur som belønning for et gennemført adfærdseksperiment, for en veludført opgave – eller bare fordi du fortjener det.
- Fortæl andre, hvad du har udrettet og nyd deres feedback og ros!
- Kig indimellem tilbage på dine gamle tankeregistreringer, og fryd dig over alle de tanker, der ikke længere popper op i hovedet på dig!
- Osv.

Med andre ord: Husk dig selv i processen. Husk alt det gode, du gør og beløn dig selv for det.

7. Brev til dig selv

En rigtig god backup – og en rigtig god måde at bruge sine gode oplevelser og sejre på – er at skrive et brev til sig selv. Skriv et brev fra "mig selv på en god dag" til "mig selv på en dårlig dag".

Du sætter dig således på en god dag helt konkret ned og skriver et varmt, kærligt, opmuntrende og rådgivende brev. Skriv det som om det var til din allerbedste ven. Vis forståelse og medfølelse og oplist alle de ting, som du nu - i en af dine gode stunder - ved, at du kan have brug for i de perioder, hvor det ikke går lige så godt. Oplist f.eks. konkrete råd til hvad du kan gøre, tanker du skal huske, oplevelser du kan tænke på eller kognitive metoder, du kan bruge. Mind frem for alt dig selv om, at du også har perioder, hvor du har det rigtig godt – og at du også før har haft perioder, hvor du har haft det skidt, men at du altid er kommet ovenpå igen! Et brev kunne f.eks. se således ud:

Kære Lisbeth
Jeg ved, at du har det svært i dag, men jeg ved også, at der endnu ikke har været en eneste hård dag, som ikke har haft en ende, og som du ikke er kommet videre fra.

Har du husket at løbe din tur i dag? Ja, jeg ved godt, at det nok er det, som du har allermindst lyst til lige nu, men husk at "når lysten er mindst, er behovet størst", som psykologen sagde, og husk også på alle de gange, hvor løbeturen netop har været med til at gøre dagen bedre! Tag noget godt musik med! Og køb dig en cola på vejen hjem. Du må gerne synde lidt, når du har motioneret!

Hvad med Anne eller Marie – har du prøvet at ringe til dem? Husk at de har sagt, at du altid kan ringe… Osv.

Du kan således opliste dine tre eller fem bedste råd til dig selv, inden du afslutter på kærligste og mest opmuntrende vis som f.eks.:
Jeg håber, at du kunne bruge mine råd, Lisbeth. Hvis ikke du tror på dem lige nu, så husk, at det jo bare er mig – altså dig – der sidder og skriver dem nu. Du kan altså tænke og tro på dem! Lige NU føles de

rigtige, mens jeg skriver – og det kan nogle dage fra eller til jo ikke ændre på. Så den er god nok ☺

Rigtig meget held og lykke med dagen. Jeg venter på dig – mig – herude på en af de gode dage.

De kærligste hilsner
Lisbeth

To skridt: De tre M'er og De tre E'er

Nok er ovenstående syv anvisninger forholdsvis korte og tilgængelige – men det er alligevel mange ord at huske, hvis man pludselig mærker, at vinden vender og hurtigt skal have sig selv på ret køl. Derfor kan det være en god ide blot at huske sammenkoget af ovenstående som de tre M'er og de tre E'er:

De tre M'er: STOP den nedadgående kurve

M
Meld ud - lad være med at ignorere og skjule faresignalerne
Monitorér - registrer uhensigtmæssig adfærd, tanker og rammer
Motioner - øg aktiviteten, gerne ved helt formel fysisk motion

De tre E'er: Få sat skub i den opadgående kurve

E
Evaluer - og nuancer på dine registrerede tankedata ved hjælp af dine basismetoder
Eksponer - fortsæt adfærdstræning, undgå at undgå problematiske situationer
Engager - husk at rose, fejre og belønne dig selv for det, du gør, så du bevarer engagementet i processen

KAPITEL 9
ET KIG BAG DEN LUKKEDE DØR

Det er ikke almindeligt, at man gengiver en hel terapisession. Jeg har imidlertid valgt at gøre det her for at give et indblik i, hvordan man kan arbejde med kognitiv terapi, og hvordan de kognitive metoder kan udspille sig i virkeligheden. Det er hensigten, at det kan være med til at inspirere læserens eget arbejde med kognitive metoder og samtidig være med til at afmystificere, hvad der foregår bag den lukkede dør.

Der ligger mange teoretiske og metodiske overvejelser bag en god kognitiv terapisession. Der ligger mange overvejelser om struktur, spørgeteknik og spørgsmålsformuleringer. Der ligger ligeledes mange overvejelser om strategi og "næste skridt". I praksis skulle det imidlertid gerne virke som en sammenhængende og selvfølgelig helhed. Læs og døm selv!

Den session, der er gengivet nedenfor, er transskriberet efter en videooptagelse af en konkret session, som er gennemført af undertegnede i min daglige praksis. Teksten er let redigeret af formidlingsmæssige årsager, ligesom alle personfølsomme og identitetsafslørende bemærkninger naturligvis er udeladt.

Om sessionen

Klienten er en ung kvindelig studerende, der gennem en periode har oplevet meget svingende humør, energi- og lysttab samt manglende evne til at "få tingene gjort". Dette har medført en stigende nervøsitet for hendes forestående eksaminer.

Den refererede session er hendes femte session hos den kognitive psykolog. Den forrige session (nummer fire) handlede meget om rent adfærdsmæssige aspekter. Vi evaluerede indledningsvis på et adfærdseksperiment hun havde lavet efter tredje session, der gik på at samle information om, hvordan hendes studiekammerater kom gennem en hård eksamenstid.

Eksperimentet var informations-samlende på rent praktisk niveau (hvad gør de rent faktisk) men handlede også om at kunne evaluere på hendes tanke om, at "alle andre har en meget bedre måde at gøre det på end mig".

Vi lagde med udgangspunkt i hendes indsamlede information en plan for, hvordan hun kunne skabe et optimalt læsemiljø (slukke for Internettet, have stille musik, have ryddet op, have mad og drikke klar, små aktiviteter som belønning for færdiggjort arbejde mv.), og vi udregnede præcise mål for hvad og hvor meget, hun skulle læse hvornår. Alt dette brugte vi så til at lægge en fast plan både for de enkelte læsedage og for en uge som helhed.

Session fire rummede også en kort evaluering og nuancering af de negative tanker hun har, når hun sidder ved skrivebordet og skal læse.

Hendes hjemmeopgave til denne femte session har været at lave sin læseplan færdig ud fra det, vi satte i gang samt at følge den – og hjælpe dette på vej ved at føre en progressionsliste. Derudover – efter eget ønske – generel tankeregistrering i forbindelse med problematiske situationer. Vi kommer her ind i femte session helt fra starten.

Psykolog: Jeg kan se, at dine scorer på BDI[1] og BAI[2] stadig er lave. Faktisk er de lidt lavere end sidste gang. Hvordan står det til med dig? Hvordan har du haft det siden sidst?

Klient: Det har faktisk været en god uge… Hvad angår humøret, mener jeg. Jeg har det bedre, og jeg er ikke så trist, som jeg var for et par uger siden. Så det er rigtig godt! Men jeg får stadig ikke læst helt

---

1 Beck Depression Inventory: Spørgeark der anvendes til at screene for depressive symptomer
2 Beck Anxiety Inventory: Spørgeark der anvendes til at screene for angstsymptomer

så meget og så struktureret, som jeg gerne vil. Så jeg ved ikke rigtigt, om det er godt eller skidt. Forstår du... På én måde synes jeg, at jeg burde være mere trist eller føle mig lidt skyldig, fordi jeg ikke får nået alt det, jeg gerne vil... Og det gør jeg så også nogle gange... Men generelt har jeg det meget bedre.

Psykolog: Det er godt at høre, at du har det bedre... Du ser faktisk mere afslappet ud nu, end du gjorde sidste gang, vi sås.

Klient: Sådan har jeg det også. Jeg tror faktisk, det er det rigtige ord... Jeg er mere afslappet. Jeg mener, jeg har stadig en masse at tænke på og en masse at arbejde med, men jeg er virkelig ikke så trist... I hvert fald ikke lige nu...

Psykolog: Det lyder rigtig godt! Det lyder som om, du har taget et vigtigt skridt i den rigtige retning. Det er rigtig godt for dit arbejde med de nye strategier, at du har det bedre. Det interessante er så, om du har nogen ide om, hvad der har gjort, at du har haft det bedre i den seneste uge?

Klient: Det har været rigtig godt med den nye strategi med at bestemme et antal sider, der skal læses hver dag og så gøre det i de der korte "bidder" af 30 minutter med pauser i mellem. Det har hjulpet meget, og det har givet noget sammenhæng og struktur. Så var der også den progressionsliste, vi talte om i sidste uge. Det var en rigtig god ide. Jeg fandt ud af, at det var bedst at lave den hver aften, før jeg falder i søvn. Så jeg brugte fem til ti minutter, lige før jeg gik i seng, på lige at skrive et par gode ting ned fra dagen, og når jeg så lå der i sengen, så var det de ting, jeg tænkte på... Det var ret smart, og det hjalp faktisk en del!

Psykolog: Skønt! Det er jeg rigtig glad for at høre... Skal vi sætte din liste på agendaen for i dag, så vi kan se, hvad du har skrevet, og måske snakke om det?

Klient: Jeg tror faktisk ikke, det er nødvendigt. Jeg synes faktisk den virker fint, som den er, og jeg vil helt sikkert blive ved med at lave den.

Psykolog: Jamen, sådan skal det bare være. Så parkerer vi den bare der. Hvad med din hjemmeopgave med at lave og følge læseplanen. Er der noget, vi skal kigge på der?

Klient: Altså både og... Det gik fint med at lave den og faktisk også med at følge den – sådan det meste af tiden i hvert fald – men det var mere det, den førte med sig!

Psykolog: Hvad førte den med sig?

Klient: Jamen, jeg har lagt mærke til, at jeg har brugt en hel del tid på at bebrejde mig selv omkring den plan der... Altså når jeg ikke fulgte den, og når jeg ikke kunne få den til at passe med min kærestes planer. Og det fik mig til at tænke på, at det faktisk er noget af det, jeg er rigtig god til – altså at bebrejde mig selv. Nu har det så lige været planen, der har fyldt, men det kan også være det med ikke at læse, det med ikke at gøre det godt nok osv. Jeg bebrejder mig selv rigtig meget. Det kunne jeg godt tænke mig at kigge på!

Psykolog: Ok, skal vi sætte "selvbebrejdelser" på agendaen?

Henrik Tingleff

Klient: Ja, det ville være godt!

Psykolog: Har du registreret tanker i nogle af de situationer?

Klient: Ja, det har jeg!

Psykolog: Godt! Hvad skal vi så kalde punktet på agendaen?

Klient: Hm, jamen det er jo bare noget med, at du skal hjælpe mig til at gøre det mindre... Altså det vi har gjort, når vi har kigget på tankerne, og du har hjulpet mig med at formulere det anderledes og se anderledes på det!

Psykolog: Så du vil gerne have, at vi sammen evaluerer og nuancerer de tanker, du gør dig i de situationer, hvor du bebrejder dig selv?

Klient: Nemlig!

Psykolog: Godt – så skriver vi det på agendaen! Du havde også tankeregistrering i bred forstand som hjemme-opgave – skal vi have noget om det på agendaen?

Klient: Ja, det skal vi... Jeg har en situation meget ligesom den, vi talte om i sidste uge... Jeg sidder der og prøver på at læse, men det sker bare ikke... Jeg skal stadig blive meget bedre i de situationer! Så det vil meget gerne tale om.

Psykolog: Det er rigtig godt, at du har skrevet dine negative tanker ned både her og omkring selvbebrejdelserne, hvis det er situationer, der bliver ved med at opstå. Så har vi et rigtig godt udgangspunkt for at arbejde.

	Hvad skal vi skrive på agendaen, så vi er sikre på, at du får den hjælp, du behøver?
Klient:	Jamen, jeg vil bare gerne gøre ligesom sidst... Jeg læser, hvad jeg har skrevet for dig, og så hjælper du mig med at evaluere tankerne. Jeg er simpelthen ikke god nok til at gøre det selv endnu!
Psykolog:	Så punkt nr. 2 – og det vi bruger dit hjemmearbejde om planen til - er også at evaluere negative tanker fra din tankeregistreringer - denne gang omkring det at få dig i gang med at læse - og så prøve at finde rationelle svar på dem?
Klient:	Jep.
Psykolog:	Godt. Er der andet, vi skal ind over i dag?
Klient:	Nej, jeg tror det er det hele.
Psykolog:	Fint. Det lyder som en god agenda synes jeg. Vi har altså evaluering af dine registrerede tanker om selvbebrejdelser og evaluering af dine negative tanker i læsesituationen, som du gerne vil have hjælp til i dag. Hvad skal vi starte med?
Klient:	Jeg synes, det med de der svære læse-situationer, for nu havde vi også om det sidst.
Psykolog:	Så er det sådan, vi gør det. Punkt nummer to er det, vi tager som nummer ét. Lad os se på det!
Klient:	Altså, det er det samme igen og igen. Jeg mener virkelig, det har hjulpet meget med den plan, vi har lavet. Jeg tror faktisk, det vil stoppe nogle af de gamle

108

tanker fra at komme igen, men hele sidste uge blev de ved med at komme tilbage til mig. De gør mig ikke så ked af det mere, men de gør, at jeg ikke får gjort noget af det, jeg burde... Og det er rigtig irriterende. Så ligesom sidste gang kunne jeg godt tænke mig, at du hjælper mig med at gå lidt til de tanker her.

Psykolog: Jeg tror også, at dine nye strategier vil hjælpe dig. Men jeg tror også, du har ret, når du siger, at dine tanker kan få dig til at gå i stå – måske endda gøre det svært for dig at følge din plan. Så det er rigtigt vigtigt at arbejde med dem. Har du lavet nogen registreringer i dit skema?

Klient: Ja, det er næsten helt det samme som sidst. En masse negative og kritiske tanker.

Psykolog: Ok, hvad siger du til, hvis vi lige ser at få dem ned på én lang liste, og så gør dig klar til at svare rationelt til hver af dem? Så hver eneste gang de popper op, så har du et rationelt svar klar?

Klient: Lyder rigtig godt... Det, tror jeg, vil være en stor hjælp!

Psykolog: Godt, så gør vi det sådan. Hvad har du på din liste?

Klient: Næsten det samme som sidst [smiler].
[læser fra sin tankeregistrering]
Jeg har ikke, hvad der skal til.
Lige meget hvad jeg gør, så virker det ikke.
Jeg får det aldrig gjort i tide.
Og så flere i den kategori...

Psykolog:	Ok, du har været god til at registrere, synes jeg. Det er nogle rigtig gode automatiske tanker... Vi har virkelig noget at arbejde med her. Nu får du lige et stykke papir. Så tegner vi en linie hele vejen ned og deler papiret i to... Så skriver du alle de negative tanker på venstre side af stregen... Så vi tager lige listen igen, mens du skriver dem ned.
Klient:	Ok. Jeg har ikke, hvad der skal til. Lige meget hvad jeg gør, så virker det ikke. Jeg får det aldrig gjort i tide. Jeg kan gøre det senere. Det er lige meget, om jeg gør det nu eller senere. Det går galt, hver gang jeg prøver.
Psykolog:	Ok, så det her er de tanker, du typisk har, når du sidder der ved dit skrivebord?
Klient:	Det er det.
Psykolog:	Fint. Lad os se om vi kan besvare dem rationelt. Du ved, når vi diskuterer med andre – eller os selv – så har vi ikke den store succes med bare at sige: "Nej" eller "Du tager fejl". Vi klarer os meget bedre i en diskussion, når vi har gode rationelle svar eller argumenter. Vi kan ikke bare sige, at noget er forkert Vi må sige hvorfor, det ikke er helt, som det ser ud, eller som andre tænker eller siger. Så lad os forestille os de her sætninger – dine tanker – som om de bliver sagt af en bekendt, som du ikke er enig med. Hvordan ville du svare en ven for at bevise, at han tager fejl?
Klient:	Hm, nr. tre der: "Jeg får det aldrig gjort i tide". Det er jo næsten for nemt efter at vi lavede dags-

og tidsplanen sidst. Nu har jeg jo en plan. Jeg har udregnet meget nøje hvilken tid, jeg behøver, og jeg har planlagt, hvad jeg skal gøre for at følge planen... Så hvis jeg følger min plan, så vil jeg da nå det til tiden!

Psykolog: Godt! Den har virkelig givet dig selvtillid den plan, hva'! Det er et ganske udmærket rationelt svar. Det er i den stil, vi skal finde frem til svar til alle dine tanker. Lad os skrive den første her ned...
[klienten skriver på sin liste]
Er der andet, du vil sige til nr. tre?

Klient: Hm. Jeg fik det jo faktisk klaret til den eksamen forrige uge... Jeg skulle læse de to tekster der på norsk, og det fik jeg gjort!

Psykolog: Den ryger med på listen også. Andet?

Psykolog: Ok, så alt, hvad vi nu har på højre side af papiret, er dine rationelle svar. Så når du får din negative tanke ved skrivebordet i eftermiddag, hvad så?

Klient: Så er det, at jeg svarer med de argumenter, vi har her. Den er jeg helt med på!

Psykolog: Lad os se på en af de andre så..."Lige meget hvad jeg gør, så virker det ikke" sagde du... Hvad kunne vi sige til den?

Klient: Hm. Du sagde det selv før: Planen har givet mig selvtillid. Så jeg kunne sige sådan noget som: "Jeg har en god plan nu, jeg følger den, og jeg tror på, at den vil virke."

Psykolog: Godt... Og?

Klient:	Hm, det der med 30 minutters-bidderne fra sidst, det hjalp... Så der gjorde jeg jo noget, der virkede!
Psykolog:	Så hvad vil du skrive?
Klient:	Hm... "I de seneste uger har jeg faktisk gjort flere ting, som virkede" [klienten skriver].
Psykolog:	Godt! Og måske skulle du nævne de ting for dig selv, som du lige har nævnt for mig...
Klient:	Jamen der var jo eksamen, teksterne på norsk og 30 minutters-bidderne.
Psykolog:	Fint. De tre – ret store vil jeg sige – ting har du fuldført og lykkedes med i den forgangne uge. Det er vigtigt at konkretisere det, så du virkelig kan huske det, når du behøver det...
Klient:	Ja, og det har jo også hjulpet, at jeg er begyndt her. Så det er én ting mere... Det kunne faktisk også være et argument for det fra før om ikke at nå det... Hvis jeg er bagud, så kunne jeg også komme her en ekstra gang og se, om du kunne hjælpe mig... Om vi kan finde en løsning, som vi plejer at gøre.
Psykolog:	Det er jo endnu en strategi i sig selv, at søge hjælp, hvis det brænder på... Og hvis du vitterlig gør det, så er det jo et godt argument for, at du når dine ting... Og hvis du allerede har set, at det virker, så er det samtidig et godt argument for, at du kan gøre noget, som virker! Lad os få alt det skrevet ned på listen også!
Klient:	Nr. fire er faktisk også nem nu..."Nej! det betyder

noget, om jeg gør det nu eller senere". [griner]

Psykolog: Det har du jo ret i... Så hvad skal vi kalde de gode rationelle svar?

Klient: Hm... Når jeg har lyttet til de tanker om, at et er lige meget, så er det jo aldrig lykkedes... Så et svar kunne være: "Det har aldrig virket på den måde før", eller jeg kunne sige: "Jeg har lovet at gøre alt for at følge min plan, og det gør jeg ikke, hvis jeg lytter til det her". Eller: "Det er bare en dårlig undskyldning", "Det virker meget bedre, hvis jeg følger planen".

Psykolog: Godt! Det kører for dig nu! En lille smule viden, som du også kunne bruge her, er: Ved du, hvad der kommer først? Handling eller motivation?

Klient: Hm, motivation, vil jeg tro? Man skal have lysten til at gøre, ikke?

Psykolog: Det er der mange mennesker, der tror... Men hvis det var rigtigt, så skulle vi jo vågne op om morgenen og blive i sengen, indtil vi havde lyst til at stå op... Hvad sker der, hvis vi bliver i sengen og venter på motivation til at stå op?

Klient: Ja, så falder vi jo nok i søvn igen... eller kommer først op meget senere!

Psykolog: Rigtigt. Hvad sker der, når vi indimellem tvinger os selv ud af sengen og får startet på det, vi nu en gang skal?

Klient: Ja, så er det jo pludselig ikke så slemt... Så har vi mere energi!

Psykolog:	Så hvad kommer først: Motivation eller handling!
Klient:	Handling! Du har ret! Så når jeg ikke har lyst til at læse... Så skal jeg egentlig bare se at komme i gang og få det gjort...Og jeg kender det jo... Når jeg har overlevet de første fem minutter, er det meget lettere!
Psykolog:	Så hvad skal vi have skrevet på listen ud for: "Jeg kan gøre det senere... Det er lige meget, om jeg gør det nu eller senere"?
Klient:	"Handling kommer før motivation – hvis jeg starter nu, er det meget lettere! [skriver]
Psykolog:	Godt! Så er der de to, vi snakkede om sidst: "Jeg har ikke, hvad der skal til", "Hver gang jeg prøver, går det galt".
Klient:	Ja, det hjalp meget sidst...Den første er vel ret lige til nu... Hvis jeg fortæller mig selv, at jeg ikke har, hvad der skal til, så kan jeg bruge det meste af det, jeg har, til de andre sætninger: "Jeg har en plan nu". "Jeg har prøvet nye ting, som har virket!" "Jeg har lært nyt hver gang hos psykologen, så jeg kan komme tilbage efter mere!" Men da jeg, som du anbefalede, spurgte nogle af mine studiekammerater, lærte jeg jo også, at de heller ikke har de her magiske tricks, så det er jo ikke mig, der mangler noget!
Psykolog:	Så måske det var et rationelt svar i sig selv?
Klient:	Hm. Ja, noget i stil med: "Jeg har de samme

Henrik Tingleff

kvalifikationer, som de andre" og "Hvis de kan
gøre det på deres måde, så kan jeg vel gøre det
på min måde".
[skriver]

Psykolog: Og det er jo lige præcis det, du gør! Du er lige ved
at definere din måde at gøre det på lige nu. Hvad
med den sidste: "Hver gang jeg prøver, så går
det galt"?

Klient: Ja, den bliver altså ved med at komme... Du ved,
der har været så mange eksaminer, og jeg bliver
ved med at fejle og klare mig dårligt... Så er det
altså svært at tro på, at man bare kan næste gang.
Nu kender jeg de nye strategier her, og jeg tror
virkelig på dem, men indimellem så ser jeg bare
mig selv der i eksamensrummet, og alt går bare
galt, og jeg dumper!

Psykolog: Ok, hvordan ser det ud? Hvad er det, du ser?

Klient: Hm. Jeg kan bare ikke svare... Jeg har ikke læst den
tekst, jeg er oppe i... At jeg ikke ved, hvad jeg skal
sige... At de bliver ved med at stille en masse
spørgsmål - lettere og lettere, og jeg kan bare ikke
svare.

Psykolog: Så når du siger: "Jeg vil fejle", så er det det scenarium,
du ser?

Klient: Det er det vel...

Psykolog: Så når du lige sagde: "Jeg har været til så mange
eksaminer, og jeg har fejlet så mange gange"... så
fortæller du mig, at du mange gange har siddet der

uden at have læst teksten, uden at være i stand til at sige noget som helst. Har du prøvet det så mange gange?

Klient: Hm. Nej, det har jeg jo ikke…

Psykolog: Ok, hvor mange gange har du været oppe til eksamen?

Klient: Det ved jeg ikke – mange!

Psykolog: Hvad ville et seriøst bud være, når du regner alle de oplevelser, du har haft, med?

Klient: Siden folkeskolen har det vel været en 10-15 hvert år, så det er vel 60-70 stykker, vil jeg tro.

Psykolog: Det må mindst være noget i den retning. Og hvor mange gange ud af de 70 eksaminer, har du ikke været i stand til at sige noget som helst?

Klient: Ikke nogen… [smiler]

Psykolog: Og hvor mange gange har du oplevet, at du slet ikke havde kigget på den tekst, du var oppe i?

Klient: Det prøvede jeg faktisk en enkelt gang i folkeskolen.

Psykolog: Ok, så hvor mange gange?

Klient: Én.

Psykolog: Ud af hvor mange?

Klient: 70.

116

Psykolog: Så hvad er det i procent?

Klient: [griner] Ikke så meget, det er vel ca. 1 %.

Psykolog: Har du oplevet, at læreren har stillet lettere og lettere spørgsmål, uden at du har været i stand til at sige det mindste?

Klient: Narh, for det meste siger jeg jo noget på et tidspunkt!

Psykolog: Så hvor mange gange har du oplevet, at der bliver stillet lettere og lettere spørgsmål, uden at du kan sige nogen som helst?

Klient: Ingen.

Psykolog: Og til sidst: Hvor mange af de her eksaminer har du rent faktisk dumpet?

Klient: Kun én.

Psykolog: Hvor mange?

Klient: Én.

Psykolog: Og i procent?

Klient: Omkring 1 % [griner].

Psykolog: Så vi har 1 % for at ikke at have set teksten og 1 % for at dumpe. Det er 2 %!

Klient: [griner] Ja, ok, ok, ok!

Psykolog: Så hvor stor er din succesrate?

Klient:	Min succesrate?

Psykolog:	Ja, du har jo oplevet en del af dit skrækscenarium. Du har oplevet det 2 % af tiden. Så hvor mange gange har du ikke oplevet det? Det vil sige, hvor mange gange har du haft succes?

Klient:	Det må jo så være 98 %.

Psykolog:	98 %! Hvis du havde 98 % chance for at vinde i Lotto, ville du så købe et lod?

Klient:	Ja, det ville jeg jo nok… Helt bestemt!

Psykolog:	Så hvis du går til en eksamen, og statistisk set har 98 % chance for at klare det, vil du så gå?

Klient:	Det vil jeg!

Psykolog:	Og hvis du har en fortid, der fortæller dig, at du har 2 % X og 98 % Y, ville du så sige, at du altid får X?

Klient:	Nej bestemt ikke?

Psykolog:	Hvad er det rationelle svar til: "Hver gang jeg prøver, går det galt"?

Klient:	Ok, jeg har den, jeg har den! Jeg er faktisk lykkedes 98 % af gangene, så nej, jeg fejler ikke hver gang!

Psykolog:	Godt! Godt arbejde. Lad os se at få det ned på papir! [klienten skriver] Så nu har du det her ark med nogle af dine typiske tanker og nogle rationelle svar til dem. Hvordan kan du bruge det, når du går her fra?

Henrik Tingleff

Klient: Sådan som vi snakkede om før. Hvis tankerne kommer tilbage, så kan jeg læse svarene. Eller jeg kan prøve at huske dem, så jeg slet ikke behøver at kigge på arket.

Psykolog: Nemlig. Så det er faktisk endnu en strategi til at få arbejdet gjort. Hvis ikke du kan komme i gang, eller hvis du går i stå, fordi du sidder og tænker, så kan du tage arket frem og læse det igennem.

Klient: Det skal jeg huske!

Psykolog: Og hvad hvis du får andre tanker end dem, der er på papiret her?

Klient: Så kan jeg tage dem med næste gang, og vi kan arbejde med dem.

Psykolog: Det er rigtigt – eller endnu bedre?

Klient: Jeg kunne prøve selv at diskutere med dem, som du sagde. Lave diskussionen med en ven, man ikke er enig med!

Psykolog: Perfekt! Det ville være rigtig godt at gøre! Og hvis du finder nye argumenter til dem, som vi har snakket om i dag, så synes jeg, at du skal sætte dem på listen.

Klient: Det gør jeg!

Psykolog: Godt. Så har du fået den hjælp, du behøvede til dagens første agendapunkt?

Klient: Bestemt!

Psykolog:	Hvad skal vi sætte på som hjemmearbejde til dette punkt?
Klient:	Jamen jeg skal i hvert fald øve mig på mine rationelle svar her – og opliste nye, hvis der kommer nogen.
Psykolog:	Det lyder som en god plan. Måske du kunne forberede dig på en lille "konkurrence" næste gang. Jeg spiller dine negative tanker, og så skal du spille dine nye rationelle tanker. Så kan vi diskutere med hinanden i et lille rollespil, og du kan øve dig i at svare konstruktivt igen på mange forskellige "ikke læse"-tanker.
Klient:	Det lyder rigtig godt. Det vil jeg forberede mig på.
Psykolog:	Skal vi så hoppe videre til dagens andet punkt – det om selvbebrejdelserne? Vi har ca. 20 minutter til det.
Klient:	Det synes jeg, vil skal.
Psykolog:	Godt. Du ville gerne have min hjælp til at kigge på de tanker, du har, når du bebrejder dig selv – og selvfølgelig se på, hvordan vi kan evaluere dem?
Klient:	Nemlig.
Psykolog:	Så lad os starte med at du lige fortæller mig om den situation, du har tankeregistreret i.
Klient:	Jamen, det er for et par dage siden. Jeg havde ikke fået fulgt min læseplan så godt, som jeg ville, og da min kæreste kom hjem fra arbejde, var jeg ikke færdig. Men altså – jeg syntes jo, at jeg burde være sammen med ham, så jeg stoppede med at læse, og så tog vi ud at handle og sådan. Men alt i mens vi

Henrik Tingleff

var af sted, kunne jeg bare slet ikke holde op med at tænke på de fem sider, jeg manglede at læse. Så jeg nød ikke at være sammen med ham, og jeg nød ikke at holde fri fra læsningen...

Psykolog: Hvad gik der så gennem hovedet på dig? Hvad sagde du til dig selv?

Klient: At jeg ikke skulle være her nu. Jeg burde ikke være ude at shoppe. Men også at jeg burde være en bedre kæreste og nyde at være sammen med ham... Og så bebrejdede jeg mig selv, at jeg ikke havde fulgt den plan, jeg havde lagt. Især fordi det var en af de fordele, jeg nævnte, da jeg var her sidst, at hvis jeg fulgte min plan, så ville jeg også bedre kunne nyde at være sammen med min kæreste, når han kom hjem fra arbejde...

Psykolog: Så hvad sagde du til dig selv om alt det?

Klient: Jeg har skrevet: "Hvorfor kunne jeg ikke følge planen?"

Psykolog: Og hvad er dit svar på det spørgsmål?

Klient: Hm. Det er fristende at sige, at det er fordi, jeg ikke har, hvad det kræver at følge sådan et studie, men så ved jeg, at du vil bede mig kigge på mine terapinoter fra forrige gang med rationelle svar på det [griner]...
Og jeg ved jo også godt, at det ikke er rigtigt. Jeg ved godt, at jeg har de færdigheder, der kræves, men jeg synes altså, at jeg burde være bedre til det. Jeg kommer her, og vi taler om det og det hele, og så kollapser det hele for mig bare et par dage efter.

Psykolog: Ok, så for at være sikker på, at jeg forstår dig ret: Hvad er det, der går igennem hovedet på dig, når du bebrejder dig selv?

Klient: Jamen, at jeg ikke burde gøre det, jeg nu er i gang med – altså når det ikke er at læse – og at jeg også burde være en bedre kæreste, der nød at være sammen med sin kæreste, og så selvfølgelig, at jeg burde følge min plan.

Psykolog: Jeg ikke burde gøre, hvad jeg er i gang med – når det ikke er at læse. Jeg burde være en bedre kæreste og nyde at være sammen med min kæreste. Jeg burde være bedre til at følge min plan!
[psykologen skriver dem ned]
Jeg kan vitterlig godt forstå, at du ikke altid har det nemt... Du giver da ikke dig selv de bedste odds for at gøre noget godt, hva'?

Klient: Det kan man vist godt sige!

Psykolog: Altså, når jeg ser på de her sætninger, så kan jeg ikke undgå at bemærke, at de har noget til fælles... Kan du se hvad det er?

Klient: De er alle sammen ret negative!

Psykolog: Ja, det er rigtigt, at de alle sammen er negative tanker, der giver dig skyldfølelse. Er der noget andet ens ved dem?

Klient: Det ved jeg ikke... Altså sådan som det står der, så starter de jo alle sammen med: "Jeg burde".

Psykolog: Bingo! Det var også det, jeg så. De starter alle

Henrik Tingleff

sammen med: "Jeg burde". Kan du huske, at når man er stresset eller presset, så kan man have en række tanker, der ikke nødvendigvis stemmer helt overens med virkeligheden?

Klient: Ja, det kan jeg godt. Det talte vi om i den første session.

Psykolog: Nemlig. Se her har jeg en liste over de 12 mest typiske fejl, som folk laver i deres tænkning. [psykologen lægger en liste med de 12 tankefejl på bordet ▱] Hvad ser du, når du kigger ned over denne her liste?

Klient: [ler efter blot at have kigget på listen I 30 sekunder] Nummer 11: Skulle/Burde tænkning ... Det er jo præcis det, jeg gør: "Jeg burde gøre det ... Jeg burde ikke gøre det". Årh, jeg hader, når det her sker [griner].

Psykolog: Rigtigt, alle dine tanker i denne situation er "Skulle/Burde tænkning" – én af de 12 mest almindelige fejl folk laver i deres tænkning. Det er det, vi kalder kognitive forvrængninger. Hvad fortæller det dig?

Klient: Hm, at jeg endnu engang gør mig nogle forestillinger, som ikke er helt sande...

Psykolog: Det har du ret i. Så hvad kunne vi gøre?

Klient: Vi må vel se, om vi kan finde nogle årsager til, at de tanker ikke er helt korrekte... Og formulere nogle nogle rationelle svar.

Psykolog: Det lyder fornuftigt. Vi må formulere noget andet,

for når dine tanker er på denne liste, så ved vi, at vi
må kigge lidt nærmere på dem og finde ud af i hvilken
udstrækning, de stemmer overens med virkelighedens
verden. Du fortæller altså dig selv, at du skal læse
præcis, som planen fortæller dig. Du burde læse,
og derfor burde du ikke være i byen med din
kæreste... Er det sådan, det er?

Klient: Nemlig.

Psykolog: Ok, så selv om du havde en nogenlunde dag, og
fik klaret det meste af din læsning, så bør du ikke
holde lidt fri?

Klient: Jamen, jeg havde jo ikke fået læst det, jeg burde.

Psykolog: Det du...?

Klient: Burde! Arhhhhhh!

Psykolog: Men hvem er det, der siger, at du burde? Er der en
lov her i landet, der siger, at når man har sat sig et
mål, så har man ikke lov til at ændre det?

Klient: Nej – sådan er det jo ikke [smiler]. Det er mig, der
siger det!

Psykolog: Ok, så du siger det... Interessant... Hvad er det så,
der får dig til at sige det?

Klient: Hm, det ved jeg ikke. Jeg vil vel bare gøre mit bedste
hele tiden...

Psykolog: Det er da også en rigtig god strategi... At gøre
sit bedste... Jeg tror, du har mange fordele af den

strategi, også her i vores forløb. Men jeg tænker bare: Er det muligt for et menneske at gøre sit bedste i alle situationer?

Klient: Det ved jeg ikke... Men man kan da prøve!

Psykolog: Jeg tænker... Hvad med verdens store ledere - USA's præsident for eksempel – gør han sit bedste altid? Er han på vagt 24/7? Er han altid på forkant med det hele?

Klient: Det tror jeg bestemt ikke... Nogle gange virker det ret meget, som om han ikke har styr på noget!

Psykolog: Men har han klaret at blive USA's præsident?

Klient: Det har han jo!

Psykolog: Hvordan kan det være? Hvordan i al verden kan det lade sig gøre, hvis ikke han gør sit aller bedste døgnets 24 timer?

Klient: Hm, måske fordi du har ret. Måske fordi man godt kan klare sige uden at gøre sit allerbedste hele tiden.

Psykolog: Måske kan man klare sig... Lad os tage et eksempel. Min bil. Jeg tror, den kan køre 250 km/t. Jeg har aldrig prøvet det, men jeg mener at have læst, at det er det, den kan. Det er dens bedste. 250 km/t. Hvad hvis den kørte 250 km/t hver eneste kilometer den kørte?

Klient: Så ville du få en ret varm motor!

Psykolog: Det tror jeg bestemt, du har ret i. Ville den holde lige så længe, som hvis den indimellem også kørte

	100 km/t eller 50 km/t?
Klient:	Det tror jeg ikke. Du ville nok have din bil betydeligt længere, hvis du ikke pressede den til sit yderste hele tiden...
Psykolog:	Men hvad så hvis du presser dig selv til dit yderste hele tiden. Hvad hvis du skal køre 250 km/t hver eneste dag – eller læse 35 sider, fordi det er dit bedste?
Klient:	Ok, ok, ok. Du har ret. Jeg ville nok få en ret varm motor også!
Psykolog:	Det er nemlig det! Og du har allerede oplevet det. Du nød ikke byturen med din kæreste, fordi du skældte dig selv ud. Du blev ved at sige, at du burde gøre noget andet.
Klient:	Rigtigt!
Psykolog:	Og hvad ved vi om det "burde" nu?
Klient:	At det ikke passer... At jeg laver en af de mest almindelige fejl i min tænkning, og at det ikke er muligt at gøre sit bedste hele tiden....
Psykolog:	Så hvad var det du lige lavede her?
Klient:	Wow, jeg lavede da lige et rationelt svar til min tanke!
Psykolog:	Så hvis jeg siger: "Jeg burde ikke være her. Jeg burde være derhjemme for at læse", hvad siger du så?
Klient:	At jeg ikke kan læse hele dagen. Jeg har læst 31 ud

126

af 35 sider, og det er godt nok. Hvis jeg læser til mit max hver dag, så holder jeg ikke lige så længe,som hvis jeg tager lidt fri ind i mellem.

Psykolog: Godt... Og hvis jeg siger: "Jeg burde kunne følge min plan fuldstændigt hver eneste dag".

Klient: Så siger jeg: "Jeg kan ikke gøre det hver dag... Måske de fleste dage, men ikke hver dag"...

Psykolog: Hvor længe har du haft din plan?

Klient: To uger!

Psykolog: Ok, da du lærte at køre på cykel i sin tid og havde gjort det i to uger, kunne du så cykle uden problemer?

Klient: Narh, jeg tror, jeg stadig faldt en hel del af!

Psykolog: Og da du havde haft engelsk i skolen i 14 dage, kunne du så tale flydende engelsk?

Klient: Nej, det gør jeg stadig ikke!

Psykolog: Det gør jeg heller ikke, og jeg er endda ældre end dig! Hvad fortæller det os?

Klient: Det fortæller vel, at man må øve sig i en rum tid.

Psykolog: Og kan vi forvente, at nye strategier virker fra den ene dag til den anden?

Klient: Nej.

Psykolog: Så når jeg nu igen siger: "Jeg burde kunne følge min plan fuldstændigt hver eneste dag"…

Klient: Så siger jeg, at det ikke er muligt – ikke bare fordi man rent fysisk ikke kan, men også fordi jeg ikke er så erfaren i det endnu og stadig skal have det hele tilpasset!

Psykolog: Hvad så hvis jeg siger: "Jeg burde nyde at være sammen med min kæreste".

Klient: Det er en svær en … For det synes jeg jo rent faktisk, at jeg burde!

Psykolog: Til alle tider, for enhver pris?

Klient: Nej, jeg er ikke sikker på, at jeg ved, hvad du mener?

Psykolog: Det, jeg mener, er, at du har den opgave her, du skal have ud af verden. Du er nødt til at læse. Du har en plan, der siger ca. 35 sider pr. dag. Vi har lige fundet ud at, at det indimellem kan være ok at læse 33 – måske endda bare 30 sider, fordi du ikke kan gøre dit bedste hver gang!

Klient: Nemlig!

Psykolog: Du har også en kæreste. Og du vil gerne beholde ham, så du bør være en god kæreste hele tiden…

Klient: Nemlig.

Psykolog: Er det muligt?

Klient: Ahh, det er det samme… Jeg kan ikke være en perfekt kæreste hele tiden. Men skal jeg så sige, at jeg ikke

Henrik Tingleff

kan tage med ham i byen, hvis jeg ikke har læst mine 35 sider?

Psykolog: Ah, du mener altså, at et scenarium er: "Lad bøgerne ligge og tag med kæresten ud i byen" Og et andet er: "Bliv ved bøgerne og sig nej til kæresten".

Klient: Det er det vel...

Psykolog: Skal det være enten/eller... sort/hvid? Skal det være det ene eller det andet scenarium? Kan det ikke være noget der i mellem?

Klient: Det kan det vel. Jeg ved bare ikke lige hvordan?

Psykolog: Du sidder der ved dit skrivebord. Du mangler fem sider, men ellers har du faktisk været rigtig god i dag. Din kæreste kommer hjem og vil have dig med ud i byen... Hvad kunne du gøre? Vi må jo finde en løsning, der både virker bedre, og får dig til at have det bedre, end din gamle strategi gjorde!

Klient: [hun tænker sig om et minuts tid]
Jeg kunne måske kombinere det? Jeg kunne sige til mig selv, at jeg har gjort det godt, og at jeg alligevel ikke får lavet det sidste nu, hvor han er kommet hjem. Men jeg kunne planlægge noget tid på et andet tidspunkt, hvor jeg så kunne indhente de sider... Så ville jeg kunne tage af sted med god samvittighed, nyde at være sammen med ham og stadig få læst.

Psykolog: Sådan! Men hvordan kan du dog gå fra bøgerne, når du ikke har fået læst alt det, du burde?

Klient: Fordi jeg ikke kan gøre mit bedste hver dag!

Psykolog:	Men hvad så med din kæreste. Hvis du skal indhente siderne på et andet tidspunkt, så kan du jo ikke være sammen med ham der?
Klient:	Jeg kan ikke være en perfekt kæreste hver dag!
Psykolog:	Rigtigt... Jeg tænker også... Er det at være en dårlig kæreste, hvis man er nødt til at læse, når kæresten er hjemme? Skal man bruge al sin tid sammen for at være en god kæreste?
Klient:	Det skal man vel ikke?
Psykolog:	Hvad ville der ske, hvis I virkelig var? Hvis I vitterlig gjorde alt sammen?
Klient:	Så ville det nok gå præcis som med din bil. Det ville ikke holde i længden.
Psykolog:	Det tror jeg, du har fuldstændig ret i [smiler] Men jeg er lige nødt til at spørge dig... Har vi ikke lige siddet og sagt det stikmodsatte af, hvad vi sagde i det første agendapunkt? Sad du ikke og lavede rationelle svar om, at det hele virker bedre, når du følger planen, og at det vitterlig betyder noget, om du gør tingene nu eller senere...
Klient:	Tjo, det kan der være noget om!
Psykolog:	Hvordan kan det være? Siger vi virkelig to forskellige ting, bare fordi det er to forskellige situationer? Hvordan kan det harmonere?
Klient:	Hmm – det er vel det med kontinuummet, du har sagt nogle gange. Det vi også lige snakkede om med aftalen

Henrik Tingleff

med kæresten. Selvfølgelig betyder det noget, om jeg følger min plan eller ej. Selvfølgelig virker det bedst, hvis jeg følger den – men man kan godt følge den uden at følge den 100 %. Det er bedre at få lavet noget nu end senere – men jeg behøver ikke at lave alt nu – slet ikke, hvis jeg får noget ud af at udsætte noget til senere.

Psykolog: Bravo, det var det flotteste, jeg endnu har hørt dig sige! Det er netop essensen. Der er langt imellem "følge plan 100 %" og "slet ikke følge plan". "Slet ikke følge plan" er selvfølgelig problematisk, men "følge plan 100 %" kan være lige så problematisk. I dit tilfælde kan det give selvbebrejdelser og dårlig samvittighed over for din kæreste, når du vælger det sidste og over for studierne og din fremtid, når du vælger det første. Du kunne lige prøve at læse om kontinuum og U-kurven i den bog, jeg gav dig første gang 📖.

Klient: Det vil jeg gøre!

Psykolog: Godt. Så hvad er vores konklusion på det her agenda-punkt? Har vi berørt det, du ønskede?

Klient: Det synes jeg bestemt, vi har.

Psykolog: Så hvad kan du gøre, når du bebrejder dig selv?

Klient: Først og fremmest kan jeg svare rationelt på mine tanker. Især de der "skulle/burde-nogen". Jeg skal huske, at jeg ikke kan gøre mit bedste hver gang. Ingen kan... At det er OK at gøre 90 % nogle gange. Også når det handler om min kæreste. På den anden På den anden side, så kan jeg forsøge at undgå nogle af de situationer, hvor jeg bebrejder mig selv ved at lave ændringer i mine planer og læse på andre tider – altså igen det der med ikke at følge planen 100 %.

Psykolog: Det var en god opsummering! Hvad skal være dit hjemmearbejde omkring det?

Klient: Hm... Jeg kunne lave en liste med rationelle svar til mine tanker... Vi begyndte jo lidt på det... Og måske finde nogle flere!

Psykolog: Kan jeg komme med et forslag til en opgave mere?

Klient: Gerne!

Psykolog: Jeg synes, du skal tage listen her med tankefejlene – de kognitive forvrængninger – med hjem og læse den til næste gang. Du kan så prøve at gå igennem nogle af dine tankeregistreringer og se, om der måske er andre "tankefejl", du har tendens til at lave... Så har du en god guide til hvilke områder, du med fordel kan forberede nogle rationelle svar til.

Klient: Det lyder som en god ide. Det vil jeg gøre!

Psykolog: Godt. Og du har styr på opgaverne fra første agendapunkt?

Klient: Ja, der forbereder jeg mig på det lille rollespil om tanker, når jeg sidder ved skrivebordet, så jeg øver mig på dem, vi lavede i dag og finder evt. på flere.

Psykolog: Godt. Jamen, så mangler vi bare feedback. Hvordan har det været at være her i dag?

Henrik Tingleff

Klient: Jamen, det har været rigtig godt. Du ved, jeg synes altid, jeg får noget med herfra og det har jeg bestemt også fået i dag.

Psykolog: Hvad er det vigtigste, du tager med dig?

Klient: Jamen, det sidste her omkring ikke altid at kunne gøre det hele perfekt og ideen med nogle mellem-løsninger, der ikke er 100 % det ene eller det andet, er rigtig god. Det tror jeg kan hjælpe mig rigtig meget - både omkring selvbebrejdelser men også i læsningen generelt. Og så synes jeg faktisk også, at jeg fik godt fat i modtankerne til de der skrivebordstanker i dag. Det med statistikken på mine eksaminer var rigtig godt!

Psykolog: Det glæder mig. Lad mig også sige, at du har gjort det rigtig godt i dag. Virkelig. Du var velforberedt med gode tankeregistreringer, og så kom du selv op med nogle rigtig gode pointer og strategier... Jeg tror, du har taget et meget vigtigt skridt fremad i dag!

KAPITEL 10
NÅR DU SKAL VÆLGE BEHANDLER

Kognitiv terapi er blevet meget udbredt de seneste år, og man kan således opleve, at kognitive metoder bruges flere og flere steder. Socialrådgivere, politibetjente, erhvervsledere, fysioterapeuter, læger, skolelærere og flere andre faggrupper, der arbejder med og blandt mennesker, integrerer kognitive metoder i deres praksis. De laver naturligvis ikke kognitiv terapi, men de bruger "den kognitive måde" f.eks. i deres kommunikation med andre. Jeg oplever, at denne udvikling er meget positiv og bidrager meget gerne både som underviser, terapeut og forfatter til udviklingen.

Det større og større kendskab til kognitiv terapi har også gjort, at der er kommet flere og flere kognitive terapeuter. Hvor det for bare fem år siden kunne være svært at opdrive en kognitiv terapeut, er de i dag at finde rigtig mange steder. Som udgangspunkt er det en meget positiv udvikling. Desværre er det dog ikke alle dem, der *siger*, at de laver kognitiv terapi, der så rent faktisk også gør det i praksis. Kvaliteten af den kognitive terapi kan også være meget svingende.

Ønsker du – eller dine nære - at opsøge en kognitiv behandler for at få hjælp til at håndtere f.eks. en stress-, angst-, depressions-, misbrugs- eller selvværdsproblematik, er det meget vigtigt, at du får kvalificeret hjælp og ikke "tilnærmet kognitiv terapi", *"positive thinking"* 📖 eller "populær coaching i kognitiv forklædning".

Det er intentionen med denne bog at præsentere viden, som kan gøre dig i stand til at vurdere, om den terapi, du modtager, er kvalificeret og fagligt funderet kognitiv terapi. Nedenfor er opstillet fire punkter, som det kan være værd at medtænke, når man vælger behandler:

Vælg en psykolog eller en psykiater

Hvis du eller din nære har en psykologisk problematik – inden for områder som angst, stress, depression, misbrug eller selvværd - er det vigtigt, at du opsøger en behandler, der har et grundigt psykologisk fundament.

Din eneste *sikkerhed* for, at din behandler har en relevant faglig uddannelse, både i sundhed, sygdom og behandling, er, at du vælger en behandler med en akademisk uddannelse og beskyttet titel – og det er kun psykologer og psykiatere (speciallæger i psykiatri), der har det.

Der findes i dag en meget stor gruppe af psykoterapeuter, certificerede behandlere, eksaminerede terapeuter mv. Fundamentalt skal du vide, at hverken "terapeut", "psykoterapeut" eller "coach" er en beskyttet titel. Det betyder, at alle kan kalde sig det, uanset om de har uddannelse eller ej. Titlerne er altså ikke sikkerhed for faglig korrekt kognitiv terapi.

Certificeringer og eksaminer burde være et skridt i den rigtige retning, men der findes mange terapeut- og coachuddannelser af meget varierende omfang og kvalitet, som alle "eksaminerer" eller "certificerer". Der findes i Danmark i dag ingen statslig eller officiel certificering som coach eller terapeut, og alle disse er derfor privat defineret. Tjek derfor gerne, hvem den "certificerende instans" er, og hvad der ligger til grund for certificeringen.

Søger du hjælp til en ikke direkte psykologisk/psykiatrisk men mere konkret problematik, hos en behandler med konkret fokus på dette – sexologer, misbrugskonsulenter, karrierecoaches mv. – så vil det naturligvis altid være en fordel, at disse skilter med en efteruddannelse, eller at de arbejder med kognitive metoder og principper.

Vælg en behandler, der udelukkende arbejder kognitivt

Den kognitive terapis grundlæggende afsæt er, at psykiske problemer skyldes forvrængninger i tænkningen. Dette afsæt er hele fundamentet for, at vi arbejder, som vi gør.

Der findes i dag psykologer, som siger, at de "inddrager kognitive metoder, hvor det er relevant" eller, at de arbejder såkaldt eklektisk med både psykodynamiske, eksistentialistiske og kognitive metoder. Hvis det skulle give mening kun *indimellem* at vælge de kognitive metoder, så skulle det altså skyldes, at psykiske problemer kun indimellem skyldes forvrængninger i tænkningen. Man behøver ikke engang evaluere dette udsagn for at se, at det ikke giver mening. Det er selvfølgelig helt ok, at nogle psykologer vælger at arbejde med andre tilgange end den kognitive, men det giver ikke mening, at man "blander forskellige tilgange sammen".

Eller sagt på en anden måde: Det er som sådan ok at vælge at behandle hovedpine ved at spise sesamfrø, – men hvis man mener, at sesamfrø virker, hvorfor så alligevel nogen gange tage en Panodil?

Vælg en behandler med kognitiv efteruddannelse

Du er godt på vej, hvis du vælger en psykolog eller psykiater, der udelukkende arbejder efter kognitive metoder. Du er dog i endnu bedre hænder, hvis du sikrer dig, at din behandler har en relevant (ny eller opdateret) efteruddannelse og træning i kognitiv terapi samt, at han eller hun får supervision på deres praktiske arbejde.

Kognitiv terapi er som bekendt en forholdsvis ny terapeutisk retning, og mange psykologer/psykiatere har derfor ikke beskæftiget sig med disciplinen på deres studium. Samtidig er kognitiv terapi en evidensbaseret metode, hvilket betyder, at praksis hele tiden ændrer sig i takt med, at vi får ny viden fra forskningen. Den kognitive terapi, der udøves i dag, er således på mange områder forskellig fra den, der blev udøvet for 10 eller 15 år siden – og den, der praktiseres om 10 år, er formentlig på mange områder anderledes end den, vi ser i dag.

Du er altid velkommen til at spørge din behandler, hvilke efteruddannelser vedkommende har, og hvad hans eller hendes eventuelle titler og certificeringer dækker over. De bedste efteruddannelser af en kognitiv behandler – og det der sikrer dig den bedste terapi - vil altid være dem, hvor behandleren i størst muligt omfang er blevet vurderet og evalueret på sine praktiske terapeutiske færdigheder.

Vurder den praksis du bliver udsat for

Noget af det, der gør, at vi kan sige, at kognitiv terapi virker, er, at vi har velbeskrevne metoder at arbejde ud fra.

Når man laver forskning på kognitiv terapi, gør man det ud fra disse velbeskrevne metoder og strukturer i arbejdet. Det betyder også, at det kun er, når kognitiv terapi bliver udført med afsæt i disse metoder og strukturer, at vi kan sige noget om effekten. Bogen her sigter mod at give læseren et billede af "essensen" i de kognitive metoder. Strukturen i en session er imidlertid også væsentlig. Nedenfor finder du en kort beskrivelse af de overordnede elementer, som en god kognitivterapi-session bør rumme:

Tjek af humør/tilstand: Sessionen starter med, at terapeuten kort hører, hvordan du har haft det siden sidst og evt. lader dig udfylde et par spørgeskemaer om "din tilstand". Disse skemaer gennemgår I sammen bagefter.

Opfølgning på hjemmearbejde fra sidst: Terapeuten spørger til, om du har udført dit hjemmearbejde, og om der er ting derfra, I skal gennemgå i dag.

Agenda/dagsorden for timen: Herefter laver I sammen en dagsorden for sessionen. Er der noget fra hjemmearbejdet, I skal diskutere? Er der situationer i den kommende tid, du skal have hjælp til at forberede? Eller har der været problematiske situationer siden sidst, som I skal fokusere på?

Henrik Tingleff

Arbejde med problematik: Så arbejder I jer gennem de punkter, I har sat på agendaen. Det vil typisk være en eller to forskellige situationer/emner. Under hvert emne har I fokus på at registrere og evaluere tanker eller antagelser og/eller at tillære dig færdigheder i håndtering af situationer.

Aftale nyt hjemmearbejde: Ud fra det I har talt om, aftaler I, hvad du skal lave, indtil I ses igen: Hvilke hjemmeopgaver skal du lave, og hvad du skal have ud af dem?

Feedback og ny aftale: Endelig vil den gode kognitive behandler slutte af med at spørge dig: "Hvordan har det været at være her i dag?" eller "Hvad tager du med dig herfra i dag?", og på den måde bede om feedback på, hvordan sessionen har været. Intentionen er, at eventuelle misforståelser eller utilfredsheder kan udredes, og at du kan få sessionerne til at blive mest muligt, som du ønsker det.

KAPITEL 11
HENVISNINGSLISTE

Markeret ord	Placering i *Kognitiv terapi – metoder i hverdagen 1* 1. udgave (2006)	Placering i *Kognitiv terapi – metoder i hverdagen 1* 2. udgave (2008)
Adfærdseksperimenter	Fra s. 97	Fra s. 107
Alternativer	Fra s. 52	Fra s. 55
Anbringe skylden	Fra s. 93	Fra s. 91
Alternative forklaringer	Fra s. 52	Fra s. 55
Basale antagelser	Fra s. 16	Fra s. 15
Beviser for og i mod	Fra s. 49	Fra s. 52
Brugbarhed	Fra s. 72	Fra s. 78
De 12 tankefejl	Fra s. 77	Fra s. 83
Dekatastrofering	Fra s. 56	Fra s. 60
Diskvalificering af positive ting	Fra s. 77	Fra s. 83
Følelsesmæssig bekræftelse	Fra s. 77	Fra s. 83
Katastrofetænkning	Fra s. 77	Fra s. 83
Kerneoverbevisninger	Fra s. 16	Fra s. 15
Kognitiv terapi er og er ikke	Fra s. 123	Fra s. 125
Kognitiv model	Fra s. 14	Fra s. 13

Markeret ord	Placering i *Kognitiv terapi – metoder i hverdagen 1* 1. udgave (2006)	Placering i *Kognitiv terapi – metoder i hverdagen 1* 2. udgave (2008)
Kognitiv model af tænkningen	Fra s. 16	Fra s. 15
Kontinuum	Fra s. 68	Fra s. 74
Minimering	Fra s. 93	Fra s. 89
Negligere sandheden	Fra s. 93	Fra s. 89
Omstruktureringsfejl	Fra s. 93	Fra s. 89
Overgeneralisering	Fra s. 77	Fra s. 83
Personalisering	Fra s. 77	Fra s. 83
Personlige rettigheder	Fra s. 118	Fra s. 122
Positive thinking	Fra s. 123	Fra s. 127
Tankefejl	Fra s. 77	Fra s. 83
Tankelæsning	Fra s. 77	Fra s. 83
Tunnelsyn	Fra s. 77	Fra s. 83
Ukritisk optimisme	Fra s. 93	Fra s. 89
U-kurven	Fra s. 68	Fra s. 76
Undersøge beviser	Fra s. 49	Fra s. 52
Værste og bedste scenarier	Fra s. 62	Fra s. 67

KAPITEL 12
LITTERATUR

Generelt om referencer i denne bog: Beskrivelserne af kognitiv teori og metode baserer sig på nedenstående referencer. Der anvendes i bogen flere faste begreber, vendinger, modeller og skemaer, som er alment anvendte inden for den kognitive terapis felt. Forfatteren påberåber sig således ikke ophavsretten til disse, ligesom enhver lighed med andre forfatteres værker og sprogbrug er utilsigtet.

Alford, Brad A. & Aaron T. Beck (1997), *The Integrative Power of Cognitive Therapy*, The Guilford Press.

Antonovsky, Aaron (2000), *Helbredets Mysterium*, Hans Reitzels Forlag.

Beck, Aaron T. (1970), *Depression*, Staples Press, London.

Beck, Aaron T. (1970), *Depression; Causes and Treatment*, University of Penn-sylvania Press.

Beck, Aaron T., A. John Rush, Brian F. Shaw & Gary Emery (1979), *Cognitive Therapy of Depression*, Guilford Pres.

Beck, Aaron T. (1999), *Prisoners of Hate: The cognitive basis of anger, hostility and violence*, New York: Harper Collins.

Beck, Aaron T., Wright, F.D, Newman, C.F., & Liese, B.S. (1993), *Cognitive Therapy of Substance Abuse*, New York: Guilford.

Beck, A T., Freeman, A., & Associates (1990), *Cognitive Therapy of Personality Disorders*, New York: Guilford.

Beck, Aaron T. (1988), *Love Is Never Enough*, New York: Harper & Row.

Beck, Aaron T., & Emery, G. (with Greenberg, R.L.) (1985), *Anxiety Disorders and Phobias: A Cognitive Perspective*. New York: Basic Books.

Beck, Aaron T. (1976), *Cognitive Therapy and the Emotional Disorders*, New York: International Universities Press.

Beck, Judith S. (1995), *Cognitive Therapy –Basics and Beyond*, The Guilford Press.

Beck, Judith S. (2005), *Cognitive Therapy for Challenging Problems: What to Do When the Basics Don't Work*, New York: Guilford.

Berge, Torkil & Arne Repål, (2004), *Kognitiv terapi i praksis*, Akademisk Forlag.

Blankstein, Kirk R. & Zindell V. Segal (2004) "Cognitive assessment: Issues and Methods", In Reinecke, Mark A. & David M. Clark (ed.), *Cognitive therapy across the Lifespan*, Cambridge University Press.

Blichmann, Jane & Stig Kjerulf (2004), *Executive coaching: ledelsesudvikling i psykologisk perspektiv*, Børsen.

Clark, David A. & Aaron T. Beck with Brad A. Alford (1999): *Scientific Foundations of Cognitive Theory and Therapy of Depression*, John Wiley & Sons, Inc.

DeRubies, Robert J., Tony Z. Tang & Aaron T. Beck (2004), "Cognitive Therapy", In Reinecke, Mark A. & David M. Clark (ed.), *Cognitive therapy across the Lifespan*, Cambridge University Press.

Diener, Ed (2000), "Subjective well-being", In *American Psychologist*, Vol. 55, No 1.

Dimidjian, Sona & Keith S. Dobson (2004), "Processes of change in cognitive therapy", In Reinecke, Mark A. & David M. Clark (ed.), *Cognitive therapy acrosss the Lifespan*, Cambridge University Press.

Henrik Tingleff

Dobson, Keith S. & David J. Dozois (2001), "Historical and Philosophical Bases of the Cognitive-Behavioural Therapies", In Keith S. Dobson, *Handbook of Cognitive-Behavioural Therapies*, The Guilford Press.

DuBois, David et al (2004), "Cognitive therapy and the self", In Mark A. Reinecke & David M. Clark (ed.), *Cognitive therapy across the Lifespan*, Cam-bridge University Press.

Fennell, Melanie (1998), *Kognitiv-adfærdsterapeutisk depressionsbehandling, Del 1 - en brugsbog til terapeuten*, Dansk Psykologisk Forlag, København.

Fenell, Melanie (1999), *At overvinde lavt selvværd*, Klim.

Fennell, Melanie (2000), "Low self-esteem", In Nicholas Tarrier & Adrian Wells (red.), Treating Complex Cases – *The Cognitive Behavioral Therapy Approach*, London.

Forster, Mark (2002), *How to make your dreams come true*, The Guernsey Press.

Forster, Mark (2000), *Get everything done and still have time to play*, The Guernsey Press.

Gelder, Michael (1997), "The Scientific foundations of cognitive behaviour therapy", In David M. Clark & Christopher G. Fairburn (ed.) *Science and Practice of Cognitive Behaviour Therapy*, Oxford University Press.

Goldfried, Marvin R. (2003), "Cognitive-Behaviour Therapy: Reflections on the Evolution of a Therapeutic Orientation", In *Cognitive Therapy and Research*, Vol. 27, No 1.

Harris, Ashley E. & Lisa Curtin (2002), "Parental perceptions, early maladaptive schemas, and Depressive Symptoms in Young Adults", In *Cognitive Therapy and Research*, Vol. 26, No 3.

Heimberg, Richard G, Cynthia L. Turk & Douglas S. Mennin (2004), *Generalized anxiety disorder: advances in research and practice*, Guilford Press .

Hollon, Steven D. (2003), "Does cognitive therapy have an enduring effect?", In *Cognitive Therapy and Research*, Vol. 27, No 1.

Hougaard, E. & T. Nielsen (2001), "Forholdet mellem psykologisk og medicinsk behandling af depression", In B. Bechgaard, H.H. Jensen & T. Nielsen (red.), *Forholdet mellem psykologisk og medicinsk behandling af psykiske lidelser*, Reitzel, København.

Hougaard, E. & R. Rosenberg (2002), "Forholdet mellem psykologisk og medicinsk behandling", In E. Hougaard, R. Rosenberg & T. Nielsen (red.), *Angst og angstbehandling*, Reitzel, København.

Hoffart, Asle et al (2002), "Self-understanding, empathy, guided Discovery, and Schema Belief in Schema-Focused Cognitive Thearpy of Personality Problems: A Process Outcome Study", In *Cognitive Therapy and Research*, Vol. 22, No 2.

Ingram, Rick E, Jeanne Miranda & Zindel V. Segal (1998), *Cognitive Vulnerability to Depression*, The Guilford Press.

Ingram, Rick E. & Joseph M. Price (2001), *Vulnerability to Psychopathology*, The Guilford Press.

Ingram, Rick E. (2003), "Origins of Cognitive Vulnerability to Depression", In *Cognitive Therapy and Research*, Vol. 27, No 1.

Jensen, Kim (2000), *Kognitiv psykologi i teori og praksis*, Danmarks Forvaltningshøjskole.

Jensen, Kim (2002), *Kognitionspsykologi og kognitiv terapi*, Gyldendal.

Jones, John W. et al (2001), "Development of the sports performance inventory: Psychological measure of athletic potential". In *Journal of business and psychology*, Vol 15, No. 3.

Kåver, Anna (2007), *Kognitiv Adfærdsterapi – en introduktion*, Psykologisk Forlag.

Lange, Alfred et al (1998), "The effects of Positive Self-Instructions: A Controlled Trial", In *Cognitive Therapy and Research*, Vol. 22, No 3.

Larson, Reed W. (2000), "Toward a Psychology of Positive Youth Development", In

American Psychologist, Vol. 55, No 1.

Leahy, Robert (2005), *The worry cure*, Piatkus.

McMullin, Rian E. (2000), *The New Handbook of Cognitive Therapy Techniques*, W. W. Norton & Company.

Mathews, Andrew (1997), "Information-processing biases in emotional disorders". In David M. Clark & Christopher G. Fairburn (ed.) *Science and Practice of Cognitive Behaviour Therapy*, Oxford University Press.

Miller, William R. & Stephen Rollnick (2002), *Motivational Interviewing*, Guilford.

Mills, Bruce & Ramon J. Aldag (1999), "Exploring the relationships between object relations/reality testing functioning, coping styles and somatic tension", In *Journal of Business and Psychology*, Vol. 14, No. 1.

Mørch, Merete M., Nicole K. Rosenberg & Peter Elsass (1995), *Kognitive behandlingsformer: kognitiv terapi, social færdighedstræning, psykoedukation og kognitiv optræning*, Hans Reitzel.

Mørch, Merete M., Rosenberg, Nicole K. (2005), *Kognitiv terapi, modeller og metoder*, Hans Reitzel.

Neenan, Michael & Windy Dryden(2004), *Cognitive Therapy – 100 keypoints and techniques*, Routledge.

Neenan, Michael & Windy Dryden(2006), *Kognitiv terapi i en nøddeskal*, Psykologisk Forlag.

Oestrich, Irene H. & A Sumbundu (2004), *Livskraft*, Psykiatrifonden.

Oestrich, Irene H. (2003), *Selvværd og nye færdigheder. Manual til dig i udvikling*, Dansk Psykologisk Forlag.

Oestrich Irene H. (2003) *Selvværd og nye færdigheder. Manual til terapeuten*, Dansk Psykologisk Forlag.

Oestrich Irene H. (2000 2. udgave) *Tankens Kraft, Kognitiv terapi i klinisk praksis*, Dansk Psykologisk Forlag.

Padesky, Christine (1993), "Socratic Questioning: Changing Minds or Guiding Discovery?", A keynote address delivered at the European Congress of Be-havioural and Cognitive Therapies, London, September.

Padesky, Christine (1995), *Clinicians guide to Mind over Mood*, Guilford.

Peterson, Christopher (2000), "The Future of Optimism", In *American Psychologist*, Vol. 55, No 1.

Reinecke, Mark A. & David M. Clark (2004), "Cognitive Therapy across the lifespan: conceptual horizons" In Reinecke, Mark A. & David M. Clark (ed.), *Cognitive therapy across the Lifespan*, Cambridge University Press.

Rudulph, Karen et al (2001), "Developmental Social-Contextual Origins of De-pressive Control Related Beliefs and Behaviour", In *Cognitive Therapy and Research*, Vol. 25, No 4.

Sanders, Diana & Frank Willis (2005), *Cognitive Therapy - Second edition*, Sage.

Safran, Jeremy D. & Segal, Zindill V. (1990), *Interpersonal Process in Cognitive Therapy*, Basic Books.

Sanderson, William C (2004), "Cognition and Depression: A Summary". In *New York Times Science Section*, January 6.

Schwarzer, Ralf (1996), *Self-Related Cognitions in Anxiety and Motivation*, Lawrence Erlbaum Associates Publishers.

Seligman, Martin E. P. (1998), *Learned Optimism*, Free Press.

Henrik Tingleff

Seligman, Martin E. P. (2000), *Authentic Happiness*, Free Press.

Seligman, Martin E. P. & M. Csikzentmihalyi (2000), "Positive psychology. An introduction", In *American Psychologist*, Vol. 55, No 1, 2000.

Solomon, Ari, & David A. F. Haaga (2004), "Cognitive therapy of depression", In Reinecke, Mark A. & David M. Clark (ed.), *Cognitive therapy across the Lifespan*, Cambridge University Press.

Stelter, Reinhard (1999), *Med kroppen i centrum*, Dansk Psykologisk Forlag.

Stelter, Reinhard (2002), *Coaching - læring og udvikling*, Dansk Psykologisk Forlag.

Teasdale et al (1995), "Depression", In Mark A. Reinecke & David M. Clark (ed.), *Cognitive therapy across the Lifespan*, Cambridge University Press.

Teasdale, John D. (1997), "The relationship between cognition and emotion: the mind-in-place in mood disorders", In David M. Clark & Christopher G. Fairburn (ed.) *Science and Practice of Cognitive Behaviour Therapy*, Oxford University Press.

Teasdale, John D. (2002), *Mindfulness-Based Cognitive Therapy for Depression*, The Guilford Press.

Tingleff, Henrik (2006), *Kognitiv terapi – metoder i hverdagen*, BoD.

Trepka, Chris et al (2004), "Therapist Competence and Outcome of Cognitive Therapy for Depression", In *Cognitive Therapy and Research*, Vol. 28, No 2.

Williams, J. Mark G. (1997), "Depression", In David M. Clark & Christopher G. Fairburn (ed.) *Science and Practice of Cognitive Behaviour Therapy*, Oxford University Press.

Williams, Patrick & Deborah C. Davis (2002), *Therapist as Life Coach*, W. W. Norton & Company.

Wilson, Judith K. & Ronald M. Rapee (2004), "Cognitive theory of social phobia", In Reinecke, Mark A. & David M. Clark (ed.), *Cognitive therapy across the Lifespan*, Cambridge University Press.

Witmore, J. (1996), *Coaching på jobbet*, Industriens Forlag.

Young, Jeffery E. (2003), *Kognitiv terapi ved personlighedsforstyrrelser – en skemafokuseret tilgang*, Hans Reitzels Forlag.

Henrik Tingleff

www.ingramcontent.com/pod-product-compliance
Lightning Source LLC
Chambersburg PA
CBHW062038270326
41929CB00014B/2468